Erich Kasten

Progressives Gedächtnis- und Konzentrationstraining

Erich Kasten

Progressives Gedächtnis- und Konzentrationstraining

BORGMANN

MEDIA

Unser Buchprogramm im Internet:
www.verlag-modernes-lernen.de

Veröffentlicht in der Edition:
BORGMANN MEDIA **GmbH & Co. KG • Schleefstraße 14 • D-44287 Dortmund**

3. Aufl. 2021

Gesamtherstellung: Löer Druck GmbH, Dortmund

Bestell-Nr. 9412 ISBN 978-3-938187-61-6

Inhalt

Einleitung

Wie peinlich! Nun habe ich gestern doch tatsächlich vergessen, Helga zum Geburtstag zu gratulieren, dabei hatte ich es vor zwei Tagen noch im Terminkalender gesehen und war mir ganz sicher, rechtzeitig daran zu denken. Gedächtnisstörungen kommen nicht nur im Alter vor, sie können Resultat vieler Erkrankungen sein, durch stressbedingte Überforderung, aber auch durch untätige Unterforderung entstehen. Man unterscheidet allerdings unterschiedliche Arten des Gedächtnisses, die in sehr verschiedenem Ausmaß Defizite aufweisen können. So gibt es zum Beispiel das „prozedurale Gedächtnis", mit dem man Dinge wie Gitarre spielen, Autofahren oder Schwimmen lernt. Dieser Gedächtnistyp ist ausgesprochen selten gestört. Auch das sogenannte „deklarative Gedächtnis", mit dem wir Schul- und Fachwissen abrufen können, zeigt kaum einmal ein Defizit. Im „episodischen Gedächtnis" werden wichtige Punkte unserer Lebensgeschichte festgehalten. Selbst bei schweren Hirnerkrankungen können die meisten Patienten sich noch problemlos an solche Daten und Fakten erinnern. Gerade ältere Menschen wissen oft beträchtlich besser was vor 50 Jahren geschah als das, was vor 50 Minuten passiert ist.

Das „Kurzzeitgedächtnis" speichert rund sieben Informationen nach einmaligem Anhören. Erhebliche Defizite zeigt es nur bei Demenz oder geistiger Behinderung. Am häufigsten gestört ist das „Arbeitsgedächtnis", mitunter auch als „Mittelzeitgedächtnis" bezeichnet. Hier werden Informationen und Arbeitsaufgaben für Minuten bis Stunden gespeichert. Typisch für das, was die meisten Menschen als „schlechtes Gedächtnis" bezeichnen, sind genau Defizite in diesem Bereich. Arbeitsaufgaben werden vergessen; man geht in den Keller und hat unten vergessen, was man holen wollte; man dreht das Badewasser an und vergisst es dann, man setzt die Kartoffeln auf und denkt erst wieder daran, wenn es verbrannt riecht.

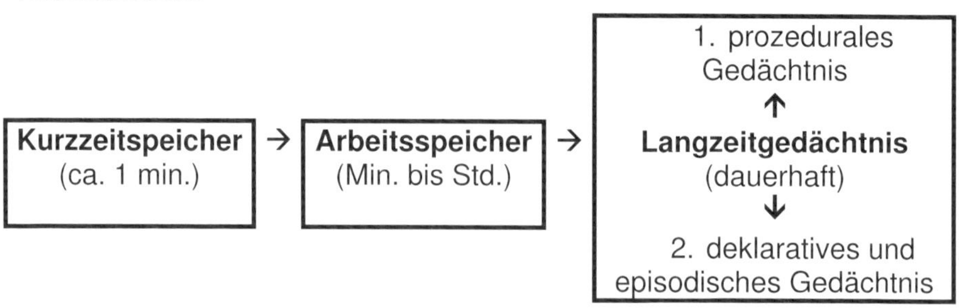

Ob man tatsächlich an einer echten Gedächtnisstörung leidet, können Sie mit dem folgenden Test herausfinden. Bitten Sie eine Person aus Ihrem Umfeld, Ihnen die folgende Wortliste vorzulesen. Diese zwölf Begriffe werden insgesamt fünfmal vorgelesen. Nach jedem Durchgang versuchen Sie nun jedesmal alle Begriffe zu sagen, die Ihnen noch einfallen. Der Vorleser kreuzt alle Worte an, die Sie erinnert haben und zählt die Anzahl richtiger Lösungen in der untersten Zeile des Tests zusammen. Die Reihenfolge wie die Worte aufgesagt werden, ist hierbei egal.

LISTE	1.	2.	3.	4.	5.
Maus	Maus	Maus	Maus	Maus	Maus
Spiegel	Spiegel	Spiegel	Spiegel	Spiegel	Spiegel
Lampe	Lampe	Lampe	Lampe	Lampe	Lampe
Fenster	Fenster	Fenster	Fenster	Fenster	Fenster
Mond	Mond	Mond	Mond	Mond	Mond
Baum	Baum	Baum	Baum	Baum	Baum
Flugzeug	Flugzeug	Flugzeug	Flugzeug	Flugzeug	Flugzeug
Kind	Kind	Kind	Kind	Kind	Kind
Heft	Heft	Heft	Heft	Heft	Heft
Teppich	Teppich	Teppich	Teppich	Teppich	Teppich
Saft	Saft	Saft	Saft	Saft	Saft
Schuh	Schuh	Schuh	Schuh	Schuh	Schuh
RICHTIGE:					

Testauswertung: Im ersten Durchgang sollten Sie in Ihrem Kurzzeitgedächtnis mindestens fünf Worte behalten haben. Sieben Worte wären normal, wenn Sie mehr behalten haben, dann besitzen Sie sogar ein sehr gutes Kurzzeitgedächtnis. Im zweiten bis fünften Durchgang sollten Sie nach jedem Vorlesen von Mal zu Mal mehr behalten und spätestens im fünften Durchgang alle 12 Worte richtig aufsagen können. Wenn Sie deutlich weniger als zehn Begriffe behalten haben, dann besteht der Verdacht auf Gedächtnisschwierigkeiten, die Sie einmal bei einem Neuropsychologen abklären lassen sollten.

Typisch für Patienten mit Gedächtnisstörungen ist, dass die letzten drei oder vier Worte direkt nach dem Vorlesen hektisch wiederholt werden, da der Untersuchte Angst hat, sie zu vergessen. Dann werden mühsam noch einige weitere Worte zusammengestottert. Typisch für Personen mit Gedächtnisproblemen ist auch, dass sehr viele Worte genannt werden, die gar nicht in der Liste enthalten waren. Ebenso typisch ist, dass in einem Durchgang dasselbe zwar richtige Wort mehrfach genannt wird, da schon wieder vergessen wurde, dass man es bereits gesagt hat. Leute mit gutem Gedächtnis sagen die Worte ungefähr in der Reihenfolge auf, in der sie auch vorgelesen wurden.

Oft liegt mangelndes Behalten daran, dass man nicht über die richtigen Lerntechniken verfügt. Die Gedächtnisleistung lässt sich durch bestimmte Methoden verbessern: 1. Je öfter eine Information wiederholt wird, umso stärker versenkt sie sich in den Gedächtnisspeichern. 2. Alles, was emotional ist, behält man besser (langweiliger Vortrag versus spannender Kinofilm). Wenn Sie sich furchtbar ärgern oder freuen, behalten Sie das besser. 3. Je mehr Sinneskanäle und Hirnfunktionen in die Informationsaufnahme eingebunden sind, umso breiter wird das Wissen im Gehirn verankert. Wenn man Informationen nur hört, behält man bestenfalls 20%, wenn man sie nur liest, sind es 30%. Wenn man etwas sieht und hört (z.B. Vortrag mit PowerPoint-Unterstützung), wächst die Behaltensleistung auf 50%. Wenn man einen Sachverhalt sieht, hört und diskutiert, sind es bereits 70%. Und wenn man die zu lernende Aufgabe darüber hinaus auch noch aktiv selbst bearbeitet, dann liegt die Gedächtnisleistung sogar bei rund 90%! Sie können Ihre Merkfähigkeit in dem obigen Test also drastisch steigern, indem Sie z.B. eine Geschichte aus den Worten erfinden und sich diese möglichst bildhaft vorstellen.

Solche Techniken können Sie mit dem hier vorliegenden Trainingsmaterial üben. Es wird immer ein kurzer Text vorgelegt, den Sie sich einprägen sollen. Hierzu ist es erforderlich, dass Sie den Artikel bearbeiten, z.B. wichtige Passagen rot unterstreichen und sich dann selbst Fragen ausdenken. Außerdem sollen Sie ein einfaches Bild zu dem Text zeichnen. Auch dies verbessert das Behalten. Die gelernte Information wird dann rund zwanzig Mal hintereinander abgefragt. Nach dem System der ausblendenden Hilfen zunächst in Multiple-Choice-Form, d.h. Sie sollen aus einer Reihe vorgegebener Antwortmöglichkeiten diejenige ankreuzen, die Ihrer Meinung nach zutrifft. Diese Hilfen werden allmählich ausgeblendet, später stehen nur noch die Fragen da und Sie müssen die Antwort frei formulieren. Am Ende jeder Übung fehlen dann sogar die Fragen und Sie werden gebeten, den gelesenen Text frei aus Ihrem Gedächtnis aufzuschreiben.

Damit die einzelnen Fragereihen nicht unmittelbar hintereinander folgen, finden Sie nach jeder Befragung eine kleine Hirnleistungs-Übung in der sich wiederholenden Abfolge: Labyrinth, Abzählen, Konzentration, Zahlen als Text, Leseverständnis, Freies Zeichnen, Fehlende Buchstaben, Fehler-finden, Logisches Denken, Rechtschreibung, Sprüche ergänzen, Rechnen, Worte schreiben, Abzeichnen, Geheim-Code, Sätze ergänzen, Altgedächtnis prüfen, fehlende Rechenzeichen, Worte ausdenken, Textaufgaben und die Schlussübung, in der Sie den ursprünglichen Text noch einmal frei hinschreiben sollen. Hinzu kommt als kapitelübergreifende Übung das Merken von chinesischen Schriftzeichen, die über das gesamte Buch hinweg immer wieder abgefragt werden.

Sowohl die Texte wie auch die zwischengeschalteten Übungen haben ansteigenden Schwierigkeitsgrad. Selbst Patienten mit erheblichen Gedächtnisstörungen kommen insbesondere mit den leichten Aufgaben gut zurecht, gewöhnen sich an die Art des Trainings und meistern dann oft auch die schwierigen Übungen recht gut. Wichtig ist, immer wieder auf die oben beschriebenen Tricks zur Verbesserung der Gedächtnisleistung zurückzugreifen. Die berühmten „Eselsbrücken", die uns schon in der Schule geholfen haben, können auch bei solchen Übungen dazu beitragen, sich Informationen besser zu merken. Wichtig ist außerdem, solche Tricks zur Verbesserung des Gedächtnisses auch im täglichen Leben anzuwenden. Das hier vorliegende Material ist zwangsläufig vergleichsweise künstlich und kann nicht auf das persönliche Leben bezogen werden. Man kann aber ebenso Tagesereignisse aus der Zeitung oder aus dem Leben, zukünftige Termine oder anstehende Aufgaben durch Bezugspersonen immer wieder abfragen lassen und das Behalte dadurch verfestigen.

Das Erinnerungsvermögen ist leider eine der störanfälligsten Hirnfunktionen. Gedächtnisübungen können das Behalten verbessern, insbesondere wenn die Betroffenen es lernen, möglichst viele Sinnesfunktionen, Vorstellungen und auch Emotionen einzubinden. Man sollte aber auch nicht zögern, möglichst viele externe Hilfen zu benutzen, um sich Dinge zu merken. Meinen eigenen Patienten empfehle ich immer wieder:

- Führen eines Tagebuchs, in dem zusammen mit einem Angehörigen jeden Abend wichtige Ereignisse des Tages festgehalten werden. Hierzu gehören auch tagespolitisches Geschehen aus den Nachrichten. Das Tagebuch ersetzt, was das Gehirn nicht mehr zu leisten vermag. Hier können Ereignisse nachgeschlagen und eventuell auch abgefragt werden.

- Mitnahme von Kugelschreiber und kleinem Schreibblock überall hin. Hier sollten ständig Notizen gemacht werden für alles, was getan oder besorgt werden muss. Erledigte Dinge werden durchgestrichen. Wichtige Termine in den Terminkalender übertragen.

- Führen eines großen Terminkalenders, der gut sichtbar an einer zentralen Stelle geöffnet liegt. Die Stelle sollte so gewählt sein, dass der Blick im Tagesverlauf automatisch immer wieder darauf fällt.

- Spielerisches Abfragen von Ereignissen der letzten Tage wie auch aus der Vergangenheit, z.B.: „*Was haben wir heute Mittag gegessen*?“, „*Was gab es gestern im Fernsehen?*“, „*Wann hat Onkel Thomas Geburtstag*?“, „*Wie hieß Deine erste Lehrerin*?“, „*Wie heißt der amtierende Bundespräsident*?“ usw.

In einigen Fällen kann man Gedächtnisfunktionen durch Medikamente verbessern, am meisten Erfolg haben „Azetylcholinesterasehemmer“, die zu einer Erhöhung des Botenstoffs „Azetylcholin“ im Gehirn führen. Diese Medikamente müssen von einem Facharzt für Neurologie verschrieben werden, denn sie können Nebenwirkungen haben. Ermunternd ist, dass man vor einigen Jahren festgestellt hat, dass auch nach schweren Hirnerkrankungen mit massiven Gedächtnisdefekten eine allmähliche Erholung möglich ist. Im sogenannten „Hippocampus“, eines der für die Merkfähigkeit wichtigsten Hirnareale, bilden sich tatsächlich Nervenzellen neu, allerdings in so geringem Ausmaß, dass Verbesserungen erst nach Monaten und Jahren sichtbar werden. Hierbei scheint ein Hirnleistungstraining wie ein Katalysator zu fördern, dass es überhaupt zur besseren Merkfähigkeit kommt.

Prof. Dr. Erich Kasten — Travemünde, Herbst 2009

1. ÜBUNG: **Personenbeschreibung**

Um sich eine Information zu merken, sollten möglichst viele Wahrnehmungskanäle beteiligt sein. Bitte lesen Sie die folgende Personenbeschreibung aufmerksam durch. Unterstreichen Sie dann alle wichtigen Informationen über das Aussehen von Kurt Kugler. Stellen Sie sich nun gedanklich vor wie er aussieht und zeichnen Sie sein Portrait in das leere Quadrat. Stellen Sie sich dann selbst Fragen zu seinem Aussehen: Wie heißt der Mann? Wie ist die Kopfform. Was für Ohren hat er? Wie sehen seine Augen aus? Was für eine Nase hat er? Besitzt er einen Bart? Gibt es weitere Auffälligkeiten? Lesen Sie nun die Personenbeschreibung:

Herr Kurt Kugler hat einen runden Kopf. Er hat nur einen kurzen Stoppelhaarschnitt. Herr Kugler hat große, abstehende Segelohren und strahlendblaue Augen. Er hat eine dicke Knollennase. Kurt Kugler trägt einen rauschigen Vollbart.

Bitte zeichnen Sie hier ein Bild von Kurt Kugler:

Was wissen Sie noch von Kurt Kugler? Bitte ankreuzen:

Kopfform von Kurt Kugler?
- ☐ einen runden Kopf
- ☐ einen eckigen Kopf
- ☐ einen birnenförmigen Kopf

Haarschnitt von K. Kugler?
- ☐ lange Haare
- ☐ Stoppelhaarschnitt
- ☐ Glatze

Ohren von K. Kugler?
- ☐ spitze Ohren
- ☐ eng anliegende Ohren
- ☐ abstehende Segelohren

Augenfarbe von K. Kugler?
- ☐ strahlendblau
- ☐ dunkelbraun
- ☐ grün

Nasenform von K. Kugler?
- ☐ Adlernase
- ☐ Stupsnase
- ☐ Knollennase

Hatte Herr Kugler einen Bart?
- ☐ Vollbart
- ☐ Oberlippenbart
- ☐ er hatte keinen Bart

1.1. Labyrinth: Bitte zeichnen Sie den Weg vom Start bis zum Ziel in folgendes Labyrinth ein:

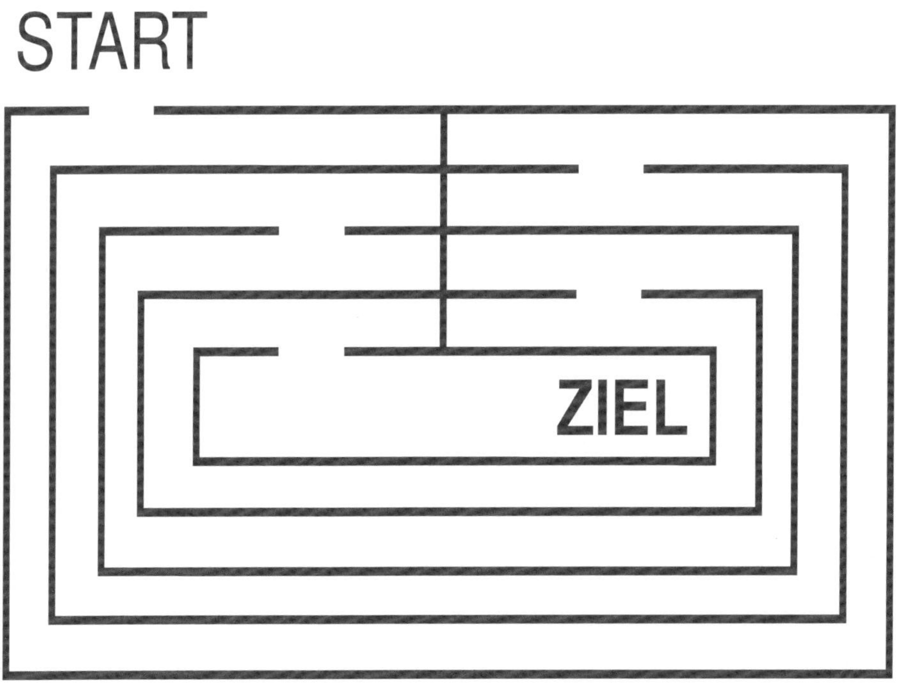

Was wissen Sie noch?

Kopfform von Kurt Kugler:
- ☐ einen birnenförmigen Kopf
- ☐ einen runden Kopf
- ☐ einen eckigen Kopf

Haarschnitt:
- ☐ Glatze
- ☐ lange Haare
- ☐ Stoppelhaarschnitt

Ohren:
- ☐ abstehende Segelohren
- ☐ spitze Ohren
- ☐ eng anliegende Ohren

Augen:
- ☐ grün
- ☐ dunkelbraun
- ☐ strahlendblau

Nase:
- ☐ Knollennase
- ☐ Adlernase
- ☐ Stupsnase

Bart:
- ☐ Vollbart
- ☐ keinen Bart
- ☐ Oberlippenbart

1.2. Abzählen: Bitte zählen Sie alle „B“ und tragen Sie das Ergebnis für jede Zeile rechts ein.

TBBB BBZ BBBBBMBB	
ABB BB BBKBHBBBBK	
BCB BBDBBGGBBBBP	
BB A BFBBOPBBBHBO	
MBN BA BLUBBVBBBX	
BOBBCB PVCBPBDBV	
ABCBZUBFBLBSBPLZ	
WQBOB DBFFBK BXTK	
SBOBADFBGJKJBIJKI	
OPIAF GHBIOBLJMBM	
CFICXFLHBFSVL MBC	
MNBXFGH JER ICDAM	

Bitte ankreuzen:

Kopfform von Kurt Kugler:
- ☐ einen runden Kopf
- ☐ einen eckigen Kopf
- ☐ einen birnenförmigen Kopf

Haarschnitt:
- ☐ lange Haare
- ☐ Stoppelhaarschnitt
- ☐ Glatze

Ohren:
- ☐ spitze Ohren
- ☐ eng anliegende Ohren
- ☐ abstehende Segelohren

Augen:
- ☐ dunkelbraun
- ☐ strahlendblau
- ☐ grün

Nase:
- ☐ Adlernase
- ☐ Stupsnase
- ☐ Knollennase

Bart:
- ☐ Vollbart
- ☐ Oberlippenbart
- ☐ keinen Bart

1.3. Konzentration:

Kreuzen Sie die Zahlen von 1 bis 50 durch. Welche Zahl fehlt? ______

1	2	24	23	22	39	38
26	25	3	4	21	40	37
27	7	6	5	20	36	41
28	8	17	18	19	42	35
29	16	9	10	43	34	45
15	30	12	11	33	44	46
14	13	31	32	50	48	47

Was wissen Sie noch?

Kopfform von Kurt Kugler:
- ☐ einen runden Kopf
- ☐ einen eckigen Kopf
- ☐ einen birnenförmigen Kopf

Augen:
- ☐ strahlendblau
- ☐ grün
- ☐ dunkelbraun

Haarschnitt:
- ☐ lange Haare
- ☐ Stoppelhaarschnitt
- ☐ Glatze

Nase:
- ☐ Knollennase
- ☐ Adlernase
- ☐ Stupsnase

Ohren:
- ☐ spitze Ohren
- ☐ eng anliegende Ohren
- ☐ abstehende Segelohren

Bart:
- ☐ Vollbart
- ☐ keinen Bart
- ☐ Oberlippenbart

1.4. Zahlen als Text: Bitte schreiben Sie die folgenden Worte als Zahl.

Sechzehn		Vierundsiebzig	
Siebenundzwanzig		Dreiundsechzig	
Achtunddreißig		Zweiundfünfzig	
Neunundvierzig		Einundvierzig	
Einundfünfzig		Neununddreißig	
Zweiundsechzig		Achtundzwanzig	
Dreiundsiebzig		Siebzehn	
Vierundachtzig		Sechsundzwanzig	
Fünfundneunzig		Siebenunddreißig	
Sechsundneunzig		Achtundvierzig	
Fünfundachtzig		Neunundfünfzig	

Bitte ankreuzen:

Kopfform von Kurt Kugler:
- ☐ einen runden Kopf
- ☐ einen eckigen Kopf
- ☐ einen birnenförmigen Kopf

Haarschnitt:
- ☐ Glatze
- ☐ lange Haare
- ☐ Stoppelhaarschnitt

Ohren:
- ☐ abstehende Segelohren
- ☐ spitze Ohren
- ☐ eng anliegende Ohren

Augen:
- ☐ dunkelbraun
- ☐ strahlendblau
- ☐ grün

Nase:
- ☐ Adlernase
- ☐ Stupsnase
- ☐ Knollennase

Bart:
- ☐ Vollbart
- ☐ Oberlippenbart
- ☐ keinen Bart

1.5. Leseverständnis: Ist die folgende Aussage wahr oder Unsinn?

Ein Esel gackert.	[ ] Wahr	[ ] Unsinn
Eine Katze sagt „miau“.	[ ] Wahr	[ ] Unsinn
Brot schmiert man mit dem Bleistift.	[ ] Wahr	[ ] Unsinn
Ein Löwe brüllt.	[ ] Wahr	[ ] Unsinn
Ein Bär zwitschert.	[ ] Wahr	[ ] Unsinn
Ein Hund bellt.	[ ] Wahr	[ ] Unsinn
Ein Schaf ruft „kikeriki“.	[ ] Wahr	[ ] Unsinn
Ein Elefant trompetet.	[ ] Wahr	[ ] Unsinn
Ein Pferd quakt.	[ ] Wahr	[ ] Unsinn
Ein Schwein grunzt.	[ ] Wahr	[ ] Unsinn
Ein Frosch wiehert.	[ ] Wahr	[ ] Unsinn
Ein Storch klappert mit dem Schnabel.	[ ] Wahr	[ ] Unsinn
Spatzen sind immer völlig still.	[ ] Wahr	[ ] Unsinn
Ein Mensch spricht.	[ ] Wahr	[ ] Unsinn
Affen können fliegen.	[ ] Wahr	[ ] Unsinn
Enten können schwimmen.	[ ] Wahr	[ ] Unsinn
Fische können laufen.	[ ] Wahr	[ ] Unsinn
Frösche können hüpfen.	[ ] Wahr	[ ] Unsinn
Igel haben weiches Fell.	[ ] Wahr	[ ] Unsinn
Ein Klavier macht Musik.	[ ] Wahr	[ ] Unsinn
Mit einem Kühlschrank kann man kochen.	[ ] Wahr	[ ] Unsinn

Was wissen Sie noch?

Kopfform von Kurt Kugler:
☐ einen runden Kopf
☐ einen eckigen Kopf
☐ einen birnenförmigen Kopf

Bart:
☐ Vollbart
☐ Oberlippenbart
☐ keinen Bart

Nase:
☐ Adlernase
☐ Stupsnase
☐ Knollennase

Augen:
☐ braun
☐ grün
☐ blau

Ohren:
☐ spitze Ohren
☐ eng anliegende Ohren
☐ abstehende Segelohren

Haarschnitt:
☐ lange Haare
☐ Stoppelhaarschnitt
☐ Glatze

1.6. Freies Zeichnen: Bitte zeichnen Sie irgendein Tier in das freie Feld unten. Wie man ein Tier zeichnet und einige Beispiele finden Sie hier:

Was wissen Sie noch vom Übungstext am Anfang?

Wie hieß der Mann?	Kurt K__________________
Was für eine Kopfform hatte er?	ru_____________________
Was für Ohren hatte er?	ab_____________________
Wie waren seine Augen?	strahlend________________
Wie sah seine Nase aus?	Knol____________________
Hatte er einen Bart?	Voll____________________

1.7. Fehlende Buchstaben: Welches Tier ist gemeint? Bitte schreiben Sie den fehlenden Buchstaben in das Wort.

Schneck___	Kängur___	Frosc___
Giraff___	Schlang___	Ent___
Elefan___	Mau___	Schwa___
Schimpans___	Ratt___	Spat___
Hirsc___	Bä___	Eisbä___
Schwei___	Fuch___	Pfer___
Löw___	Gorill___	Nashor___
Wol___	Gazell___	Zieg___
Leopar___	Hun___	Re___
Maulwur___	Katz___	Adle___
Regenwur___	Scha___	Krokodi___

Was wissen Sie noch vom Übungstext am Anfang?

Wie war der Vorname? ____________ *Kugler*

Was für eine Kopfform hatte er? ____________

Was für Ohren hatte er? ____________

Wie waren seine Augen? ____________

Wie sah seine Nase aus? ____________

Hatte er einen Bart? ____________

1.8. Fehler-finden: In jeder Reihe ist ein Wort falsch geschrieben.

Reiter, Steifel, Beine, Leiter
Knie, Brief, Giege, Wiege
Baum, Blume, Lanpe, Hemd
Teich, Kuchen, Rauch, Muchel
Schwanz, Kranz, Glanz, Halz
Leuchter, Kreuzung, Zäuge, Keule
Stube, Laube, Räuper, Fieber
Grab, Korb, Rezebt, Staubsauger
Blätter, Bätten, Dächer, Schnäbel
Fabrig, Zweig, Pflug, Betrug
Bild, Elefand, Pferd, Wald
Sturm, Stiefel, Schtorch, Stuhl
denken, lenken, winken, tangen
Spaß, Gruß, Gefäß, Lauß, Ruß
Pfeil, Pfeife, Pfaust, Pflaume, Pferd
Schpinne, Schimmel, Schiene, Schrott
Dampf, Baumstumf, Strumpf, Krampf
Graf, tief, schief, Pullofer, Stefan, lief
Fuchs, Dachs, Wachs, Eidexe.

1.9. Chinesisch-lernen: Mit 1,3 Milliarden Einwohnern ist China das bevölkerungsreichste Land der Erde. Zeit also, etwas Chinesisch zu lernen. Zeichnen Sie die beiden Zeichen ab und merken Sie sich die Bedeutung.

 Wasser		 Feuer	

Wie war der Nachname? *Kurt*___

Was für eine Kopfform hatte er? ___

Was für Ohren hatte er? ___

Wie waren seine Augen? ___

Wie sah seine Nase aus? ___

Hatte er einen Bart? ___

1.10. Logisches Denken: Die untenstehenden Zahlenreihen sind jeweils nach einem logischen Gesetz aufgebaut. Welche Zahl fehlt dort, wo der Strich ist?

1 2 3 4 5 6 7 8 ___ 10 11

10 20 30 40 50 60 70 ___ 90

2 4 6 8 10 12 14 ___ 18 20

3 6 9 12 15 18 21 ___ 27 30

7 14 21 28 35 42 49 56 ___ 70

8 16 24 32 40 48 56 64 ___ 80

25 50 75 100 125 150 175 ___

99 98 97 96 95 94 93 ___ 91

200 180 160 140 120 ___ 80 60

50 45 40 35 30 25 ___ 15 10

40 36 32 28 24 20 16 ___ 8 4

1400 1200 1000 800 600 400 ___

1 2 3 1 2 3 1 2 ___ 1 2 3

3 5 3 5 3 5 3 5 ___ 5 3 5

6 66 666 6.666 66.666 666.666 ___

Was wissen Sie noch vom Übungstext am Anfang?

Wie hieß der Mann? ____________________

Was für eine Kopfform hatte er? ____________________

Was für Ohren hatte er? ____________________

Wie waren seine Augen? ____________________

Wie sah seine Nase aus? ____________________

Hatte er einen Bart? ____________________

1.11. Rechtschreibung: Bitte setzen Sie jeweils die über der Spalte stehenden Buchstaben in die folgenden Worte ein.

-f- oder –ff- ?	-p- oder –pp- ?	-t- oder –tt- ?
Scha____ner	Wi____e	Här____e
Ka____ee	Sternschnu____e	Ze____el
Ta____el	Kla____e	Bra____en
Kra____t	Ka____e	Mo____e
Gri____el	Pa____e	Mie____e
Es ist o____en	Knü____el	Fu____er
Rol____	Ma____e	Kar____on
Er ist san____t	Kum____el	We____e
Schi____	Lum____en	Bo____e
Wa____e	Mo____s	Be____
Schau___el	Mo____ed	Kar____en
Kie___er	Trom____ete	Wa____e
Ri___	Knor____el	Leu____e
Leute ga___en	Hu____e	Mi____e

Wie hieß der Mann? ____________________

Hatte er einen Bart? ____________________

Wie sah seine Nase aus? ____________________

Wie waren seine Augen? ____________________

Was für Ohren hatte er? ____________________

Was für eine Kopfform hatte er? ____________________

1.12. Ergänzen: Was fehlt bei den folgenden Märchen?

Hänsel und ____________.
Schneewittchen und die sieben ______________.
Schneeweißchen und ________________.
Des Kaisers neue ______________.
Rotkäppchen und der ________________.
Der Wolf und die sieben ______________.
Die Prinzessin auf der ____________.
Die ______________ Stadtmusikanten.
Das ______________ Schneiderlein.
Tischlein _________ dich!
Von einem der auszog das ________ zu lernen.
Der ______________ Kater.
Der Teufel mit den drei goldenen ___________.
Hans im ___________.
Aladin und die _____________________.
Ali Baba und die 40 ________________.
Brüderchen und ____________________.
Das ______________ mit den Schwefelhölzern.
______ Quichote.
Der ______________ Holländer.

Wie hieß der Mann? ______________________

Was für eine Kopfform hatte er? ______________________

Was für Ohren hatte er? ______________________

Wie waren seine Augen? ______________________

Wie sah seine Nase aus? ______________________

Hatte er einen Bart? ______________________

1.13. Rechnen: Bitte rechnen Sie die folgenden Aufgaben aus. Bei welchen drei Aufgaben steht keine Null am Ende der Lösungszahl?

5 + 5 =	11 + 19 =	34 + 6 =
4 + 6 =	17 + 13 =	33 + 7 =
3 + 7 =	18 + 12 =	32 + 8 =
2 + 8 =	19 + 11 =	36 + 4 =
6 + 4 =	25 + 5 =	31 + 9 =
1 + 9 =	24 + 6 =	37 + 3 =
7 + 3 =	23 + 7 =	38 + 2 =
8 + 2 =	22 + 8 =	39 + 1 =
9 + 1 =	26 + 4 =	35 + 15 =
15 + 5 =	21 + 9 =	34 + 16 =
14 + 6 =	27 + 3 =	33 + 17 =
13 + 7 =	28 + 2 =	32 + 18 =
12 + 8 =	29 + 1 =	36 + 14 =
16 + 4 =	25 + 15 =	31 + 19 =
11 + 9 =	24 + 16 =	37 + 13 =
17 + 4 =	23 + 19 =	38 + 15 =
18 + 2 =	22 + 18 =	39 + 11 =
19 + 1 =	26 + 14 =	35 + 25 =
15 + 15 =	21 + 19 =	34 + 26 =
14 + 16 =	27 + 13 =	33 + 27 =
13 + 17 =	28 + 12 =	32 + 28 =
12 + 18 =	29 + 11 =	36 + 24 =
16 + 14 =	35 + 5 =	31 + 29 =

Wie hieß der Mann? ____________________

Wie waren seine Augen? ____________________

Wie sah seine Nase aus? ____________________

Hatte er einen Bart? ____________________

Was für eine Kopfform hatte er? ____________________

Was für Ohren hatte er? ____________________

1.14. Worte schreiben: Was für Geräusche machen Tiere und Gegenstände? Bitte schreiben Sie die fehlenden Worte in die Lücken.

Der Hund	*bellt*	Der Wind	______
Die Katze	______	Die Menschen	______
Der Vogel	______	Der Lehrer	______
Die Uhr	______	Der Spatz	______
Das Schaf	______	Die Krähe	______
Der Elefant	______	Die Nähmaschine	______
Das Ferkel	______	Presslufthammer	______
Der Frosch	______	Der Esel macht:	______
Das Meer	______	Der Teekessel	______
Die Kuh	______	Der Rasenmäher	______
Der Gong	______	Die Kreissäge	______
Das Kind	______	Das Gewitter	______
Die Ziege	______	Der Lautsprecher	______
Der Regen	______	Das Auto	______
Der Hahn	______	Blech	______
Das Küken	______	Das alte Fahrrad	______
Der Specht	______	Die Maschine	______
Der Hirsch	______	Das Holz im Ofen	______

Der Regen ______________ gegen das Fenster

Die schlecht geölte Tür ______________.

Wie hieß der Mann? ____________________

Was für eine Kopfform hatte er? ____________________

Was für Ohren hatte er? ____________________

Wie waren seine Augen? ____________________

Wie sah seine Nase aus? ____________________

Hatte er einen Bart? ____________________

1.15. Abzeichnen: Bitte zeichnen Sie die obere Grafik in dem unteren Feld möglichst genau ab.

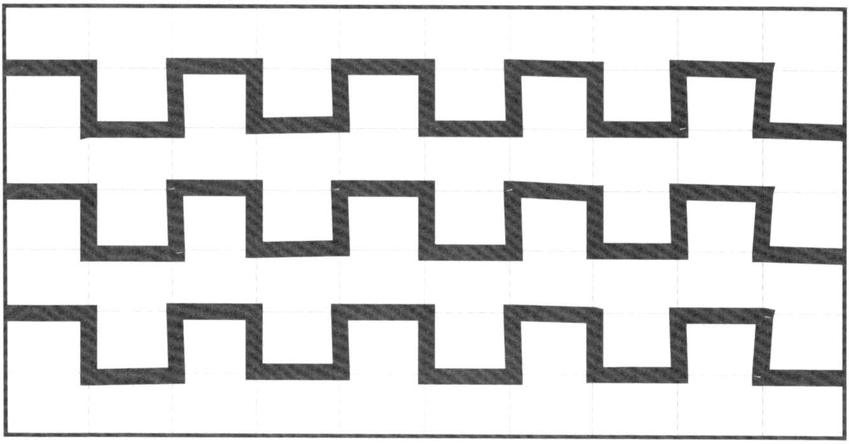

Wie hieß der Mann? ______________________

Wie sah seine Nase aus? ______________________

Hatte er einen Bart? ______________________

Was für eine Kopfform hatte er? ______________________

Was für Ohren hatte er? ______________________

Wie waren seine Augen? ______________________

1.16. Geheim Code: Jede Zahl entspricht einem Buchstaben im Alphabet. Bitte übersetzen Sie den untenstehenden Geheimcode, der eine chinesische Weisheit wiedergibt.

1 = A	9 = I	17 = Q	25 = Y
2 = B	10 = J	18 = R	26 = Z
3 = C	11 = K	19 = S	27 = Ä
4 = D	12 = L	20 = T	28 = Ö
5 = E	13 = M	21 = U	29 = Ü.
6 = F	14 = N	22 = V	
7 = G	15 = O	23 = W	
8 = H	16 = P	24 = X	

4	1	19

2	28	19	5

12	5	18	14	20

19	9	3	8

12	5	9	3	8	20

,

,

4	1	19

7	21	20	5

19	3	8	23	5	18

Wie hieß der Mann? ______________________

Was für eine Kopfform hatte er? ______________________

Was für Ohren hatte er? ______________________

Wie waren seine Augen? ______________________

Wie sah seine Nase aus? ______________________

Hatte er einen Bart? ______________________

1.17. Satz ergänzen: Bitte vervollständigen Sie die folgenden Satzanfänge sinnvoll. Hierbei gibt es keine richtigen oder falschen Lösungen. Sie können hinschreiben, was Sie möchten.

Der Löwe knurrte, weil ______________________

______________________.

Das Kind freute sich, denn ______________________

______________________.

Martin suchte ______________________

______________________.

Der neue Motor war ______________________

______________________.

Frauke lachte, weil ______________________

______________________.

Elke schrieb an ______________________

______________________.

Der Hase hatte Angst vor ______________________

______________________.

Die Kuh gab keine Milch, weil ______________________

______________________.

Wie hieß der Mann? ____________________

Wie waren seine Augen? ____________________

Wie sah seine Nase aus? ____________________

Hatte er einen Bart? ____________________

Was für eine Kopfform hatte er? ____________________

Was für Ohren hatte er? ____________________

1.18. Altgedächtnis: Schreiben Sie möglichst viele Buchtitel hier auf von Büchern, die Sie im Lauf Ihres Lebens gelesen haben:

1.19 Chinesisch-lernen: Feuer und Wasser. Was bedeuteten diese beiden chinesischen Zeichen? (Lösung siehe S. 18 oder S. 230).

Wie hieß der Mann? ______________________

Was für eine Kopfform hatte er? ______________________

Was für Ohren hatte er? ______________________

Wie waren seine Augen? ______________________

Wie sah seine Nase aus? ______________________

Hatte er einen Bart? ______________________

1.20. Fehlende Rechenzeichen: Bitte setzen Sie in den folgenden Aufgaben die Rechenzeichen + (plus) oder – (minus) so ein, dass die Lösung am Ende stimmt.

3	+	4	= 7	10		2	= 8	19		5	= 14
9	-	2	= 7	9		1	= 8	18		4	= 14
5		2	= 7	11		3	= 8	17		3	= 14
8		1	= 7	16		8	= 8	6		8	= 14
4		3	= 7	20		12	= 8	8		6	= 14
10		3	= 7	18		10	= 8	5		9	= 14
1		6	= 7	19		7	= 12	16		2	= 14
10		5	= 5	20		8	= 12	24		10	= 14
2		3	= 5	17		5	= 12	15		1	= 14
8		3	= 5	14		2	= 12	5		10	= 15
1		4	= 5	16		4	= 12	9		6	= 15
9		4	= 5	10		2	= 12	2		13	= 15
3		3	= 6	9		3	= 12	19		4	= 15
12		6	= 6	7		5	= 12	18		3	= 15
2		4	= 6	6		6	= 12	16		1	= 15
10		4	= 6	5		7	= 12	3		12	= 15
5		1	= 6	11		1	= 12	7		8	= 15
8		2	= 6	1		11	= 12	6		9	= 15
2		4	= 6	20		7	= 13	26		11	= 15
11		5	= 6	19		6	= 13	29		14	= 15
1		5	= 6	15		2	= 13	28		13	= 15
8		2	= 6	17		4	= 13	12		3	= 15

Wie hieß der Mann? ______________________

Wie sah seine Nase aus? ______________________

Was für Ohren hatte er? ______________________

Wie waren seine Augen? ______________________

Hatte er einen Bart? ______________________

Was für eine Kopfform hatte er? ______________________

1.21. Worte ausdenken: Bitte schreiben Sie zu jedem Anfangsbuchstaben einen Tiernamen hin:

A*ffe*______	B______	C*hamäleon*
D______	E______	F______
G______	H______	I______
J______	K______	L______
M______	N______	O______
P______	Q______	R______
S______	T______	U______
V______	W______	Z______

Bitte schreiben Sie zu jedem Anfangsbuchstaben einen Vornamen hin:

A*nnika*______	B______	C______
D______	E______	F______
G______	H______	I______
J______	K______	L______
M______	N______	O______
P______	Q*uintia*______	R______
S______	T______	U______
V______	W______	Z*elda*______

Wie hieß der Mann? ______________________

Was für eine Kopfform hatte er? ______________________

Was für Ohren hatte er? ______________________

Wie waren seine Augen? ______________________

Wie sah seine Nase aus? ______________________

Hatte er einen Bart? ______________________

1.22. Textaufgaben: Bitte lösen Sie die folgenden Textaufgaben.

Ein Hund hat ______ Nase.

Eine Frau hat ______ Ohren.

Ein Achtung-Schild hat ______ Ecken.

Ein Viereck hat ______ Ecken.

An einem Fuß sind ______ Zehen.

Drei Kinder haben ______ Füße.

Die Woche hat ______ Tage.

Vier Vögel haben insgesamt ______ Flügel.

Timo spart 3 Wochen lang 3 €uro; nun hat er ___ €.

Ein Mensch hat ______ Finger.

Elf Bäume stehen auf ______ Baumstämmen.

Auf einer Uhr stehen ______ Zahlen.

Die schlimme Pechzahl heißt ______.

2 Wochen sind ______ Tage.

Annika hat zwei Stunden gearbeitet; pro Stunde bekommt sie 7,50 €uro. Nun hat sie _____.

Vier Elefanten haben ______ Beine.

Die Hälfte von 34 ist genau ______.

Was wissen Sie noch über Herrn Kugler? Können Sie ihn hier kurz beschreiben?

E N D E 1. TEIL

2. ÜBUNG:
Besuch vom Marsmännchen

Hier beginnt nun die zweite Übung. Bitte lesen Sie sich wieder den Text aufmerksam durch. Wenn Sie ihn durch Unterstreichen der wichtigen Informationen bearbeiten, behalten Sie den Text besser. Stellen Sie sich das Marsmännchen vor und zeichnen Sie es. Stellen Sie sich dann selbst einige Fragen über das Aussehen und versuchen Sie diese Fragen aus Ihrem Gedächtnis oder anhand Ihrer Zeichnung zu beantworten.

Die 6-jährige Frederike hatte Nachts Besuch von einem Außerirdischen. Am nächsten Morgen beschrieb das Kind das Wesen vom fernen Stern so: Das Marsmännchen hatte einen Kopf, der viel größer war als der restliche Körper. Es hatte drei riesengroße Augen. Auf dem Glatzkopf waren zwei Fühler. Die beiden Arme waren spindeldürr. Es stand wie ein Pilz auf nur einem einzigen, sehr breiten Fuß. Obwohl gar kein Mund zu sehen war, sagte der Außerirdische zu ihr: *„Sua hcsimok reba ud tsheis ho!“* und verschwand dann ebenso plötzlich wie er aufgetaucht war.

Bitte versuchen Sie, das Wesen hier zu zeichnen:

Was wissen Sie noch von der Geschichte? Bitte ankreuzen:

Wie hieß das 6-jährige Kind?
☐ Amanda
☐ Frederike
☐ Beatrice

Von wem hatte das Kind Besuch?
☐ Außerirdischer
☐ Gute Fee
☐ Hexe

Was hatte das Wesen auf dem Glatzkopf?
☐ goldene Haare
☐ Stacheln
☐ Fühler

Wie waren die Arme des Marsmännchens?
☐ dünn ☐ dick ☐ stark

Wie groß war der Kopf?
☐ kleiner als der Körper
☐ ebenso groß wie der Körper
☐ größer als der Körper

Wie viele Füße hatte das Wesen?
☐ einen ☐ zwei ☐ drei

Wie viele Augen hatte das Wesen?
☐ eins ☐ zwei ☐ drei

Hatte das Wesen einen Mund?
☐ ja ☐ nein

2.1. Labyrinth: Bitte zeichnen Sie den Weg vom Start bis zum Ziel in folgendes Labyrinth ein:

START

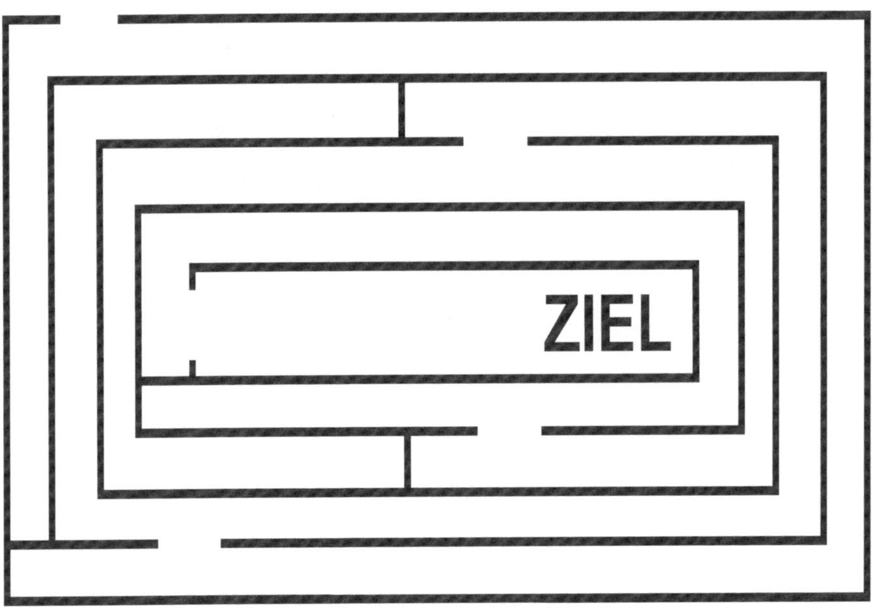

Was wissen Sie noch von der Geschichte? Bitte ankreuzen:

Wie hieß das 6-jährige Kind?
☐ Amanda
☐ Frederike
☐ Beatrice

Von wem hatte das Kind Besuch?
☐ Außerirdischer
☐ Gute Fee
☐ Hexe

Was hatte das Wesen auf dem Glatzkopf?
☐ goldene Haare
☐ Stacheln
☐ Fühler

Wie waren die Arme?
☐ dünn ☐ dick ☐ stark

Wie groß war der Kopf?
☐ kleiner als der Körper
☐ ebenso groß wie der Körper
☐ größer als der Körper

Wie viele Füße hatte das Wesen?
☐ einen ☐ zwei ☐ drei

Wie viele Augen hatte das Wesen?
☐ eins ☐ zwei ☐ drei

Hatte das Wesen einen Mund?
☐ ja ☐ nein

2.2. Abzählen: Bitte zählen Sie alle Smileys, die böse gucken ☹ und tragen Sie das Ergebnis für jede Zeile rechts ein.

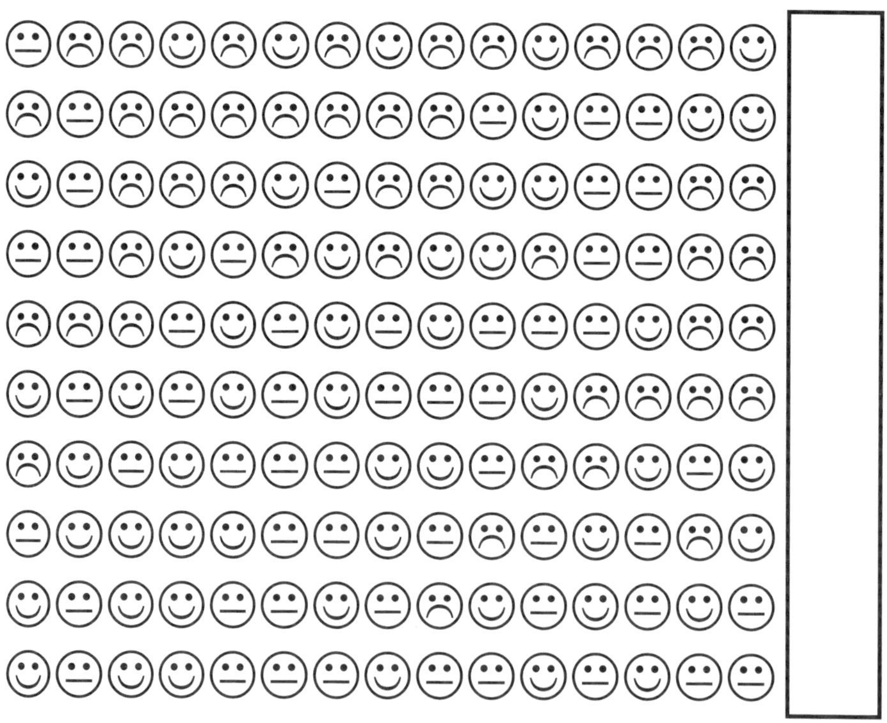

Wie hieß das 6-jährige Kind?
☐ Frederike
☐ Beatrice
☐ Amanda

Von wem hatte das Kind Besuch?
☐ Hexe
☐ Außerirdischer
☐ Gute Fee

Was hatte das Wesen auf dem Glatzkopf?
☐ Fühler ☐ Haare ☐ Stacheln

Wie waren die Arme?
☐ dick ☐ stark ☐ dünn

Wie groß war der Kopf?
☐ größer als der Körper
☐ kleiner als der Körper
☐ ebenso groß wie der Körper

Wie viele Füße hatte das Wesen?
☐ einen ☐ zwei ☐ drei

Wie viele Augen hatte das Wesen?
☐ eins ☐ zwei ☐ drei

2.3 Konzentration: Welches Symbol ist nicht doppelt vorhanden?

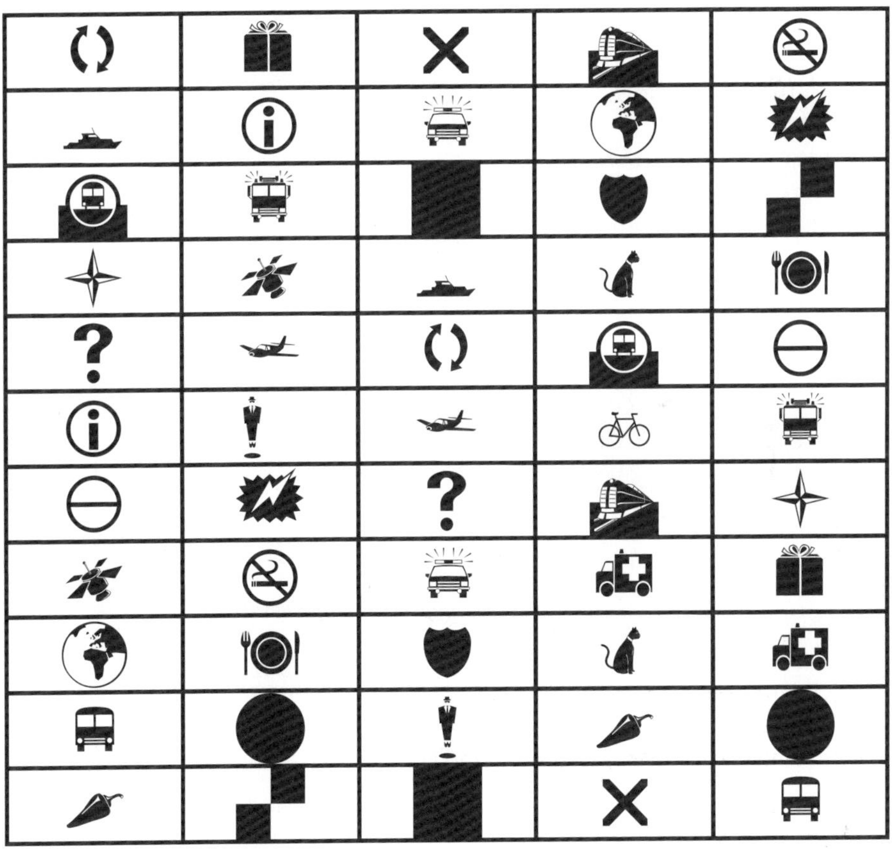

Bitte ankreuzen:

Wie hieß das 6-jährige Kind?
☐ Amanda
☐ Frederike
☐ Beatrice

Von wem hatte das Kind Besuch?
☐ Außerirdischer
☐ Gute Fee
☐ Hexe

Was hatte das Wesen auf dem Glatzkopf?
☐ goldene Haare
☐ Stacheln
☐ Fühler

Wie waren die Arme?
☐ dünn ☐ dick ☐ stark

Wie groß war der Kopf?
☐ kleiner als der Körper
☐ ebenso groß wie der Körper
☐ größer als der Körper

Wie viele Füße hatte das Wesen?
☐ einen ☐ zwei ☐ drei

Wie viele Augen hatte das Wesen?
☐ eins ☐ zwei ☐ drei

2.4. Zahlen als Text: Bitte schreiben Sie die folgenden Worte als Zahl.

Einhundertdreiundzwanzig	123
Zweihundertvierunddreißig	
Dreihundertfünfundvierzig	
Vierhundertsechsundfünfzig	
Fünfhundertsiebenundsechzig	
Sechshundertachtundziebzig	
Siebenhundertneunundachtzig	
Achthundertneunzig	
Neunhunderteins	
Eintausendzweihundertvierunddreißig	
Zweitausenddreihundertvierzig	

Was wissen Sie noch von der Geschichte? Bitte ankreuzen:

Wie hieß das 6-jährige Kind?
□ Frederike
□ Beatrice
□ Amanda

Von wem hatte das Kind Besuch?
□ Hexe
□ Außerirdischer
□ Gute Fee

Was hatte das Wesen auf dem Glatzkopf?
□ Fühler
□ goldene Haare
□ Stacheln

Wie waren die Arme?
□ dick □ stark □ dünn

Wie groß war der Kopf?
□ größer als der Körper
□ kleiner als der Körper
□ ebenso groß wie der Körper

Wie viele Füße hatte das Wesen?
□ einen □ zwei □ drei

Wie viele Augen hatte das Wesen?
□ eins □ zwei □ drei

2.5. Leseverständnis: Ist die folgende Aussage wahr oder völliger Unsinn?

Ein Berg ist größer als ein Hügel.	[ ] Wahr	[ ] Unsinn
Ein Motorrad ist schneller als ein Fahrrad	[ ] Wahr	[ ] Unsinn
Ein Schimpanse ist klüger als ein Schaf	[ ] Wahr	[ ] Unsinn
Ein Enkel ist jünger als ein Opa	[ ] Wahr	[ ] Unsinn
Eine Ameise ist kleiner als ein Bär	[ ] Wahr	[ ] Unsinn
Ein Traktor ist langsamer als ein Flugzeug	[ ] Wahr	[ ] Unsinn
Ein Genie ist klüger als ein Dummkopf	[ ] Wahr	[ ] Unsinn
Eine Tulpe ist größer als eine Eiche	[ ] Wahr	[ ] Unsinn
Ein Motorrad ist leichter als ein Fahrrad	[ ] Wahr	[ ] Unsinn
Der Mond ist heller als die Sonne	[ ] Wahr	[ ] Unsinn
Ein Bleistift ist länger als ein Zollstock	[ ] Wahr	[ ] Unsinn
Eine Spinne ist größer als ein Elefant	[ ] Wahr	[ ] Unsinn
Eine Briefmarke ist schwerer als ein Fels	[ ] Wahr	[ ] Unsinn
Ein Zeh ist kürzer als ein Finger	[ ] Wahr	[ ] Unsinn
Eine Lokomotive ist länger als ein Auto	[ ] Wahr	[ ] Unsinn

Bitte ankreuzen:

Wie hieß das 6-jährige Kind?
☐ Amanda
☐ Frederike
☐ Beatrice

Von wem hatte das Kind Besuch?
☐ Außerirdischer
☐ Gute Fee
☐ Hexe

Was hatte das Wesen auf dem Glatzkopf?
☐ goldene Haare
☐ Stacheln
☐ Fühler

Wie waren die Arme?
☐ dünn ☐ dick ☐ stark

Wie groß war der Kopf?
☐ kleiner als der Körper
☐ ebenso groß wie der Körper
☐ größer als der Körper

Wie viele Füße hatte das Wesen?
☐ einen ☐ zwei ☐ drei

Wie viele Augen hatte das Wesen?
☐ eins ☐ zwei ☐ drei

Hatte das Wesen einen Mund?
☐ ja ☐ nein

2.6. Freies Zeichnen: Bitte zeichnen Sie ein Auto in das freie Feld:

Was wissen Sie noch von der Geschichte?

Wie hieß das 6-jährige Kind?	***Fre***____________________
Von wem hatte das Kind Besuch?	***Mars***____________________
Was hatte das Wesen auf der Glatze?	***Füh***____________________
Wie viele Augen hatte das Wesen?	***dr***____________________
Wie waren die Arme?	***dü***____________________
Wie groß war der Kopf?	***größer als***____________________
Wie viele Füße hatte das Wesen?	***ei***____________________

2.7. Fehlende Buchstaben: Welche Kleidungsstücke sind gemeint? Bitte schreiben Sie den fehlenden Buchstaben in das Wort.

___ose	___andschuhe	___ikini
___antel	___luse	___chal
___acke	___lip	___adeanzug
___emd	___nterhose	___elzmantel
___ullover	___üstenhalter	___udelmütze
___chuhe	___norak	___rawatte
___trümpfe	___andalen	___ürtel
___chnürsenkel	___horts	___-Shirt
___ut	___tiefel	___ademantel
___verall	___antoffeln	___berhemd

2.8. Chinesisch-lernen: Bitte zeichnen Sie die beiden Schriftzeichen ab und merken Sie sich die Bedeutung.

 Energie		 Mut	

Was wissen Sie noch von der Geschichte?

Wie hieß das 6-jährige Kind? ________________

Von wem hatte das Kind Besuch? ________________

Was hatte das Wesen auf der Glatze? ________________

Wie viele Augen hatte das Wesen? ________________

Wie waren die Arme? ________________

Wie groß war der Kopf? ________________

Hatte das Marsmännchen einen Mund? ________________

Wie viele Füße hatte das Wesen? ________________

2.9. Fehler-finden: Bitte streichen Sie alle Rechenfehler an.

2 + 3 = 5	3 – 2 = 1	3 + 4 + 2 = 8
4 + 5 = 8	8 – 6 = 2	5 + 1 + 3 = 10
6 + 7 = 13	9 – 5 = 4	6 + 4 + 2 = 12
8 + 9 = 18	10 – 9 = 1	2 + 5 + 3 = 10
1 + 2 = 3	5 – 2 = 3	8 – 3 – 2 = 2
3 + 4 = 6	7 – 4 = 3	9 – 5 – 1 = 4
5 + 6 = 11	6 – 6 = 0	11 – 6 – 5 = 0
7 + 8 = 14	7 – 5 = 2	12 – 4 – 5 = 3
9 + 10 = 19	8 – 4 = 5	6 + 4 -7 = 2
3 + 8 = 12	12 – 8 = 3	8 – 5 + 1 = 5
5 + 5 = 10	11 – 9 = 4	14 – 7 + 3 = 10
7 + 9 = 15	13 – 6 = 8	16 – 6 + 3 = 13
2 + 9 = 11	19 – 9 = 9	18 – 9 + 2 = 10
6 + 8 = 13	14 – 6 = 7	13 + 5 – 8 = 9
9 + 7 = 16	15 – 9 = 5	9 + 9 – 8 = 10
8 + 8 = 18	16 – 7 = 8	8 – 6 + 14 = 16

Wie hieß das 6-jährige Kind? ____________________

Von wem hatte das Kind Besuch? ____________________

Was hatte das Wesen auf der Glatze? ____________________

Wie viele Augen hatte das Wesen? ____________________

Wie waren die Arme? ____________________

Wie groß war der Kopf? ____________________

Wie viele Füße hatte das Wesen? ____________________

2.10. Logisches Denken: Finden Sie für die folgenden Wortreihen den Oberbegriff. In welche Rubrik fallen alle Worte einer Zeile?

Panda, Koala, Braunbär, Eisbär *Bären*

Eiche, Linde, Kastanie, Birke ____________

Rot, blau, gelb, grün, lila, orange, braun ____________

Kirsche, Pflaume, Apfel, Birne ____________

Schwein, Rind, Schaf, Ziege ____________

Torsten, Edward, Fred, Mario ____________

Elbe, Donau, Isar, Moldau, Main ____________

Paris, Rom, Prag, Madrid ____________

Löwenzahn, Klee, Brennessel, Distel ____________

Hammer, Schraubenzieher, Bohrer, Zange ____________

Frankreich, Italien, Spanien, Polen ____________

Torte, Kuchen, Kekse, Brezeln ____________

Auto, Motorrad, LKW, Bus, Moped, Roller ____________

Schrank, Tisch, Stuhl, Sessel, Sofa ____________

Füller, Bleistift, Kugelschreiber, Filzstift ____________

Radio, Computer, Fernseher, CD-Player ____________

Rembrandt, van Gogh, DaVinci, Picasso ____________

Tschaikowsky, Vivaldi, Rossini, Strawinsky ____________

Beatles, Rolling Stones, Deep Purple, Pink Floyd ____________

Was wissen Sie noch von der Geschichte am Anfang?

Wie hieß das 6-jährige Kind? ______________________

Von wem hatte das Kind Besuch? ______________________

Was hatte das Wesen auf der Glatze? ______________________

Wie viele Augen hatte das Wesen? ______________________

Wie waren die Arme? ______________________

Hatte das Wesen einen Mund? ______________________

Wie groß war der Kopf? ______________________

Wie viele Füße hatte das Wesen? ______________________

2.11. Rechtschreibung: Bitte setzen Sie jeweils die über der Spalte stehenden Buchstaben in die folgenden Worte ein.

-l- oder –ll- ?	**-m- oder –mm- ?**	**-n- oder –nn- ?**
Feh____er	Ru____el	Bie____e
Meh____	Sti____e	Sah____e
Woh____	Kla____er	Sa____d
Ha____e	Ha____el	Fah____e
Fe____	Ka____er	Bah____
Ke____er	Kü____el	Bir____e
Stuh____	Sti____ung	Ta____e
Ze____t	Stu____el	Ri____e
Zäh____er	Schla____	Pa____e
Kna____	Ka____	Ka____e
Ro____er	Sta____	To____e
Schnu____er	Schwa____	Tu____el
Te____er	Progra____	Do____er
Gebrü____	Hu____el	Pfa____e

Wie hieß das 6-jährige Kind? ______________________

Von wem hatte das Kind Besuch? ______________________

Hatte das Männchen einen Mund? ______________________

Wie groß war der Kopf? ______________________

Wie viele Füße hatte das Wesen? ______________________

Was hatte das Wesen auf der Glatze? ______________________

Wie viele Augen hatte das Wesen? ______________________

Wie waren die Arme? ______________________

2.12. Sprüche ergänzen: Welches Wort fehlt in den folgenden Redewendungen?

Er hörte das .... wachsen.
Er war dumm wie ....
Er macht aus einer Mücke einen ....
Da möchte man gleich aus der .... fahren.
Er hat die Weisheit mit .... gefressen.
Da steht er wie ein begossener ....
Er ist glatt wie ein ....
Die Gelegenheit beim .... packen.
Für jemanden die Hand ins .... legen.
Seine Hände in .... waschen.
Wissen, wie der .... läuft.
Kein .... vor den Mund nehmen.
Ihm ist eine .... über die Leber gelaufen.
Auf die lange .... schieben.
Mit einem blauen .... davonkommen.

Hilfe: Aal, Auge, Bank, Blatt, Bohnenstroh, Elefanten, Feuer, Gras, Hase, Haut, Laus, Löffeln, Pudel, Schopfe, Unschuld

Was wissen Sie noch von der Geschichte am Anfang?

Wie hieß das 6-jährige Kind? ____________________

Von wem hatte das Kind Besuch? ____________________

Was hatte das Wesen auf der Glatze? ____________________

Wie viele Augen hatte das Wesen? ____________________

Wie waren die Arme? ____________________

Wie groß war der Kopf? ____________________

Hatte der Außerirdische einen Mund? ____________________

Wie viele Füße hatte das Wesen? ____________________

2.13. Rechnen: Bitte rechnen Sie die folgenden Aufgaben aus:

$3 + 7 + 4 + 6 + 5 + 5 + 7 + 3 =$

$5 + 9 + 6 + 1 + 8 + 4 + 5 + 1 =$

$9 + 9 + 2 + 1 + 7 + 3 + 4 + 3 =$

$5 + 4 + 6 + 5 + 2 + 8 + 4 + 3 =$

$1 + 2 + 3 + 4 + 5 + 6 + 7 + 8 =$

$8 + 7 + 6 + 1 + 7 + 1 + 2 + 3 =$

$4 + 5 + 8 + 9 + 2 + 1 + 3 + 2 =$

$2 + 3 + 2 + 5 + 4 + 3 + 9 + 5 =$

$4 + 4 + 4 + 4 + 4 + 4 + 4 + 4 =$

$8 + 1 + 2 + 3 + 4 + 6 + 3 + 4 =$

$3 + 7 + 5 + 4 + 1 + 3 + 3 + 4 =$

$5 + 2 + 3 + 7 + 6 + 3 + 2 + 1 =$

$3 + 4 + 3 + 5 + 5 + 1 + 4 + 3 =$

$7 + 3 + 1 + 2 + 7 + 2 + 2 + 3 =$

$2 + 4 + 6 + 5 + 3 + 2 + 2 + 2 =$

$3 + 4 + 5 + 3 + 3 + 4 + 2 + 1 =$

Wie hieß das 6-jährige Kind?	______
Von wem hatte das Kind Besuch?	______
Wie groß war der Kopf?	______
Wie viele Füße hatte das Wesen?	______
Was hatte das Wesen auf der Glatze?	______
Wie viele Augen hatte das Wesen?	______
Wie waren die Arme?	______

2.14. Worte schreiben: Welche Worte reimen sich auf die folgenden Begriffe:

Buch	*Tuch*	nett	
Brot		Fisch	
Dach		Knall	
Bank		Dose	
Messer		Pfand	
Nase		Schwein	
Beil		Schlauch	
Kammer		Kissen	
Reiter		Wanne	
Schild		Braten	
Pfanne		alt	
Kranke		Liegen	
Ecke		reiben	
Schwan		Schloss	
Rabe		Riese	
Tasse		Brille	
schief		Nadel	
Kamm		Rinne	
Tüte		Brücke	
Sahne		Suppe	

Wie hieß das 6-jährige Kind? ____________________

Von wem hatte das Kind Besuch? ____________________

Was hatte das Wesen auf der Glatze? ____________________

Wie viele Augen hatte das Wesen? ____________________

Wie waren die Arme? ____________________

Wie groß war der Kopf? ____________________

Wie viele Füße hatte das Wesen? ____________________

2.15. Abzeichnen: Bitte zeichnen Sie die obere Grafik in dem unteren Feld möglichst genau ab.

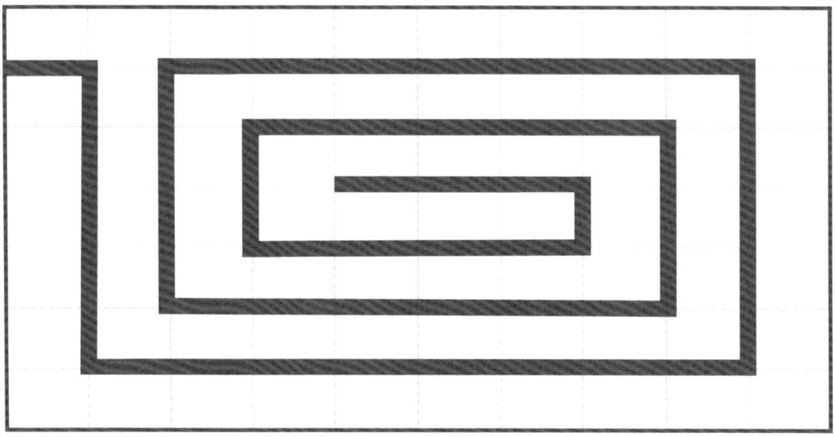

Was wissen Sie noch von der Geschichte am Anfang?

Wie hieß das 6-jährige Kind? ______________________

Von wem hatte das Kind Besuch? ______________________

Wie viele Augen hatte das Wesen? ______________________

Wie waren die Arme? ______________________

Wie groß war der Kopf? ______________________

Wie viele Füße hatte das Wesen? ______________________

2.16. Geheim Code: Jede Zahl entspricht einem Buchstaben im Alphabet. Übersetzen Sie den Geheimcode, um die chinesische Weisheit zu erfahren.

1 = A	11 = K	21 = U
2 = B	12 = L	22 = V
3 = C	13 = M	23 = W
4 = D	14 = N	24 = X
5 = E	15 = O	25 = Y
6 = F	16 = P	26 = Z
7 = G	17 = Q	27 = Ä
8 = H	18 = R	28 = Ö
9 = I	19 = S	29 = Ü.
10 = J	20 = T	

20	1	20	5	14

19	1	7	5	14

13	5	8	18

1	12	19

23	15	18	20	5

Wie hieß das 6-jährige Kind? ______________________

Von wem hatte das Kind Besuch? ______________________

Was hatte das Wesen auf der Glatze? ______________________

Wie viele Augen hatte das Wesen? ______________________

Wie waren die Arme? ______________________

Wie groß war der Kopf? ______________________

Wie viele Füße hatte das Wesen? ______________________

2.17. Satz ergänzen: Bitte vervollständigen Sie die folgenden Satzanfänge sinnvoll.

Schnelle Autos sind ______________________

____

Das riesige Gemälde ______________________

____

Starke Männer sind ______________________

____

Eine schöne Frau ______________________

____

Herr Huber war verärgert, weil ______________________

____

Die neue Lampe war ______________________

____

Der Lehrer schimpfte ______________________

Wie hieß das 6-jährige Kind? ______________________

Von wem hatte das Kind Besuch? ______________________

Wie waren die Arme? ______________________

Wie groß war der Kopf? ______________________

Wie viele Füße hatte das Wesen? ______________________

Was hatte das Wesen auf der Glatze? ______________________

Wie viele Augen hatte das Wesen? ______________________

2.18. Altgedächtnis: Schreiben Sie möglichst viele Titel von Filmen hier auf, die Sie im Lauf Ihres Lebens im Kino oder Fernsehen gesehen haben:

2.19 Chinesisch-lernen: Wasser, Feuer, Mut und Energie. Was bedeuteten diese vier Zeichen? (Lösung siehe S. 230).

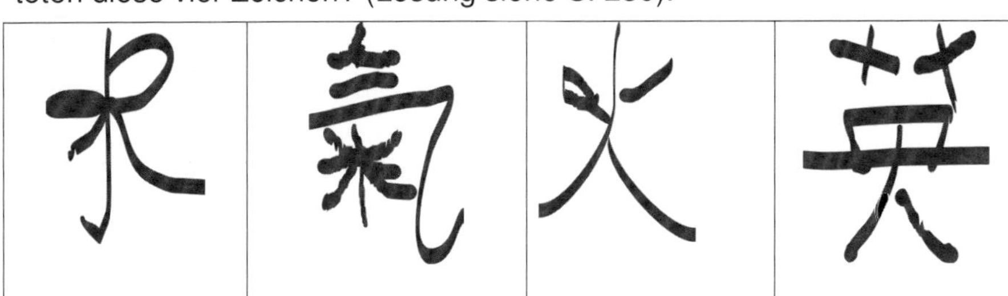

Wie hieß das 6-jährige Kind? ____________________

Von wem hatte das Kind Besuch? ____________________

Was hatte das Wesen auf der Glatze? ____________________

Wie viele Augen hatte das Wesen? ____________________

Wie waren die Arme? ____________________

Wie groß war der Kopf? ____________________

Wie viele Füße hatte das Wesen? ____________________

2.20. Fehlende Rechenzeichen: Bitte setzen Sie in den folgenden Aufgaben die Rechenzeichen + (plus) oder – (minus) so ein, dass die Lösung am Ende stimmt.

20	+	40 = 60	20		60 = 80
90	-	30 = 60	40		40 = 80
30		30 = 60	30		50 = 80
40		20 = 60	50		30 = 80
10		50 = 60	10		70 = 80
80		20 = 60	60		20 = 80
70		10 = 60	10		20 = 30
70		20 = 50	40		10 = 30
30		20 = 50	50		20 = 30
10		40 = 50	60		30 = 30
20		30 = 50	70		40 = 30
60		10 = 50	80		50 = 30
80		30 = 50	90		60 = 30
70		20 = 50	100		70 = 30
40		30 = 70	100		60 = 40
50		20 = 70	90		50 = 40
60		10 = 70	70		30 = 40
80		10 = 70	80		40 = 40
90		20 = 70	60		20 = 40
100		30 = 70	50		10 = 40
20		50 = 70	40		0 = 40

Wie hieß das 6-jährige Kind? ______________________________

Hatte das Marsmännchen einen Mund? ______________________________

Wie viele Augen hatte das Wesen? ______________________________

Wie waren die Arme? ______________________________

Wie groß war der Kopf? ______________________________

Wie viele Füße hatte das Wesen? ______________________________

Von wem hatte das Kind Besuch? ______________________________

Was hatte das Wesen auf der Glatze? ______________________________

2.21. Worte ausdenken: Bitte schreiben Sie hier möglichst viele Worte mit dem Anfangsbuchstaben „A“ hin.

Arbeit	*artig*	*ablaufen*
Amazonas	*Andreas*	

Wie hieß das 6-jährige Kind? ____________________

Von wem hatte das Kind Besuch? ____________________

Was hatte das Wesen auf der Glatze? ____________________

Wie viele Augen hatte das Wesen? ____________________

Wie waren die Arme? ____________________

Wie groß war der Kopf? ____________________

Hatte das Wesen einen Mund? ____________________

Wie viele Füße hatte das Wesen? ____________________

2.22. Textaufgaben: Bitte lösen Sie die folgenden Textaufgaben.

Was ist die Hälfte von 10 ?	
Was ist ein Viertel von 40 ?	
Was ist das Doppelte von 10 ?	
Was ist das Dreifache von 10 ?	
Was ist das Vierfache von 10 ?	
Was ist das Doppelte von 25 ?	
Was ist das Doppelte von 30 ?	
Was ist das Siebenfache von 10 ?	
Was ist das Doppelte von 40 ?	
Was ist die Hälfte von 180 ?	
Was ist das Vierfache von 25 ?	
Was ist das Dreifache von 40 ?	
Was ist das Dreifache von 30 ?	
Was ist die Hälfte von 162 ?	
Was ist das Doppelte von 36 ?	
Was ist das Dreifache von 21 ?	
Was ist die Hälfte von 108 ?	
Was ist die Hälfte von 90 ?	
Was ist die Hälfte von 72 ?	
Was ist die Hälfte von 54 ?	
Was ist die Hälfte von 36 ?	
Was ist ein Drittel von 27 ?	

Was wissen Sie noch über das außerirdische Wesen? Können Sie es hier kurz beschreiben?

____

____

____

____

____

____

E N D E 2. TEIL

3. ÜBUNG: **Zahnarzttermin**

Bitte lesen Sie wie bei den bisherigen Übungen den Text wieder intensiv durch und bearbeiten Sie ihn durch Markieren der wichtigen Textteile. Stellen Sie sich das Geschehen gedanklich vor und versuchen Sie dann Fragen zu dem Text zu formulieren.

Herr Mayer muss sich merken, dass er am kommenden Freitag einen Zahnarzttermin hat. Dass der Termin am Freitag ist, kann er gut behalten, weil er den ganzen Tag extra frei genommen hat. Der Termin ist morgens um 10:00 Uhr. Das kann Herr Mayer auch gut behalten, denn die „zehn“ von 10:00 Uhr erinnert ihn an „Zähne“. Der Zahnarzt heißt Dr. Johannes Bohrmann. Das lässt Herrn Mayer einen kleinen Schauder der Angst den Rücken herunter rieseln, denn er hofft, dass der Zahnarzt kein Loch findet und gerade nicht bohren muss. Die Praxis ist in der Wurzelgasse 32. Das ist eine gute Adresse für einen Zahnarzt, da Zähne ja auch eine Wurzel haben und 32 ist genau die Anzahl von Zähnen, die ein Mensch im Mund haben sollte. Haben Sie sich nun auch gemerkt, wann, wo und bei wem Herr Mayer einen Termin hat?

Bei welchem Arzt ist der Termin:

☐ Psychiater
☐ Frauenarzt
☐ Hausarzt
☐ Zahnarzt

Wann ist der Termin:

☐ Montag, 08:00 Uhr
☐ Dienstag, 17:00 Uhr
☐ Mittwoch, 12:00 Uhr
☐ Donnerstag, 22:00 Uhr
☐ Freitag, 10:00 Uhr

Wie heißt der Arzt?

☐ Johannes Bohrmann
☐ Raffael Redegeld
☐ Wilfried Schürrer
☐ Erwin Müller

Wo ist die Arztpraxis

☐ Kastanienallee 214
☐ Große Burgstraße 1
☐ Wurzelgasse 32
☐ Breite Straße 99

3.1. Labyrinth: Bitte zeichnen Sie den Weg vom Start bis zum Ziel in folgendes Labyrinth ein:

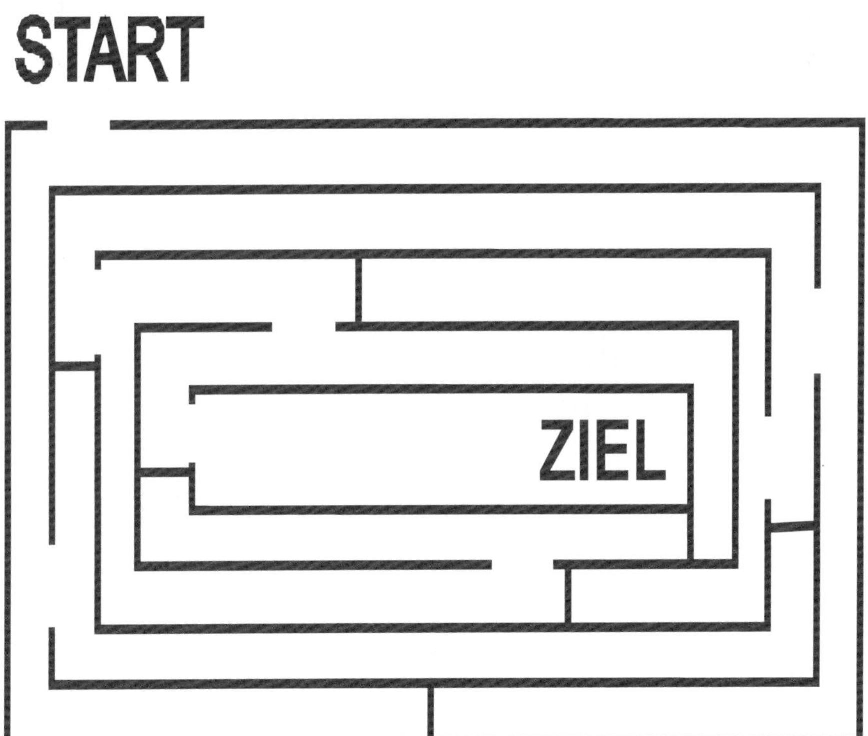

Was wissen Sie noch? Bitte ankreuzen:

Wie heißt der Arzt?

- ☐ Raffael Redegeld
- ☐ Johannes Bohrmann
- ☐ Wilfried Schürrer
- ☐ Erwin Müller

Wo ist die Arztpraxis

- ☐ Kastanienallee 214
- ☐ Große Burgstraße 1
- ☐ Breite Straße 99
- ☐ Wurzelgasse 32

Bei welchem Arzt ist der Termin:

- ☐ Zahnarzt
- ☐ Psychiater
- ☐ Frauenarzt
- ☐ Hausarzt

Wann ist der Termin:

- ☐ Donnerstag, 22:00 Uhr
- ☐ Freitag, 10:00 Uhr
- ☐ Montag, 08:00 Uhr
- ☐ Dienstag, 17:00 Uhr
- ☐ Mittwoch, 12:00 Uhr

3.2. Abzählen: Bitte zählen Sie pro Zeile wie oft drei Striche ||| vorkommen und tragen Sie das Ergebnis für jede Zeile rechts ein.

||| |||| || ||||| |||||| |||||| |||| || ||||

||||| || ||| ||| |||| |||||| |||| || ||

|||||| || ||| |||| ||| ||| || |||||| ||

||||| ||| |||| || ||| ||| ||| |||| || ||

|||||| || || ||| ||| ||| ||| ||| |||| |

||||| ||| ||| |||| ||| ||| ||| ||| || |

|| || ||| ||| ||| ||| ||| |||||| ||||||

||||| ||| ||| ||| |||| ||| || |||||| ||||

||||| |||| ||| ||| ||| || |||||| |||| ||

||| |||| ||| || |||||| |||||| |||||| || ||

||||| || ||| |||| || |||| |||||| |||| ||

Bei welchem Arzt ist der Termin:

☐ Psychiater
☐ Frauenarzt
☐ Hausarzt
☐ Zahnarzt

Wie heißt der Arzt?

☐ Johannes Bohrmann
☐ Raffael Redegeld
☐ Wilfried Schürrer
☐ Erwin Müller

Wann ist der Termin:

☐ Montag, 08:00 Uhr
☐ Dienstag, 17:00 Uhr
☐ Mittwoch, 12:00 Uhr
☐ Donnerstag, 22:00 Uhr
☐ Freitag, 10:00 Uhr

Wo ist die Arztpraxis

☐ Kastanienallee 214
☐ Große Burgstraße 1
☐ Wurzelgasse 32
☐ Breite Straße 99

3.3. Konzentration: Welches Symbol ist nicht dreimal vorhanden, sondern so einmalig, dass wir sehr, sehr sorgsam damit umgehen müssen?

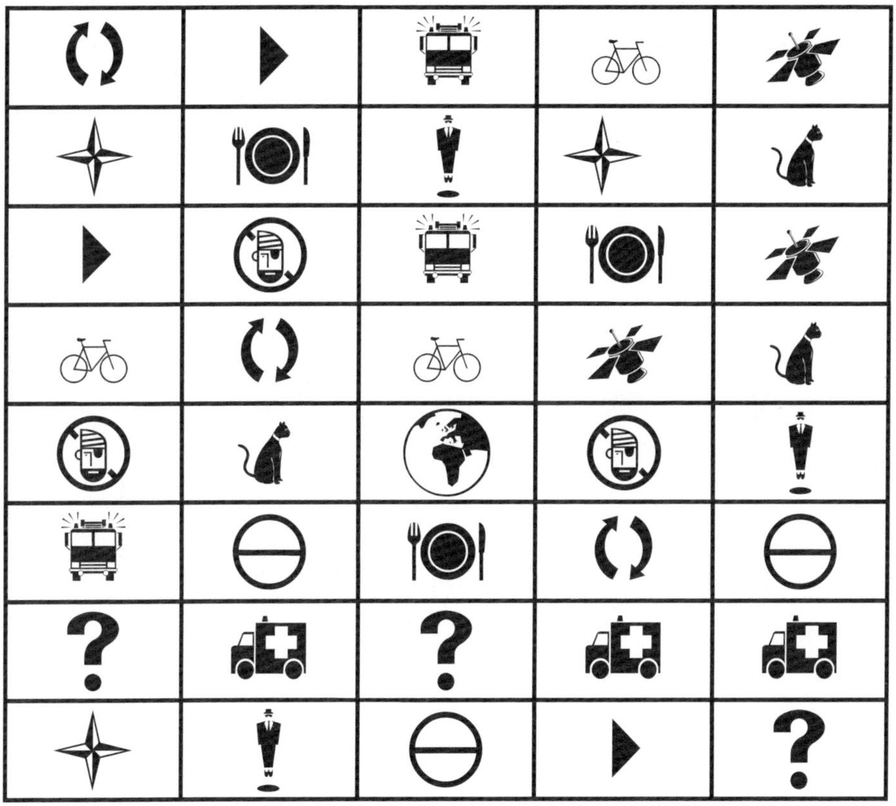

Bei welchem Arzt ist der Termin:
- ☐ Psychiater
- ☐ Zahnarzt
- ☐ Frauenarzt
- ☐ Hausarzt

Wie heißt der Arzt?
- ☐ Raffael Redegeld
- ☐ Wilfried Schürrer
- ☐ Johannes Bohrmann
- ☐ Erwin Müller

Wann ist der Termin:
- ☐ Montag, 08:00 Uhr
- ☐ Donnerstag, 22:00 Uhr
- ☐ Freitag, 10:00 Uhr
- ☐ Dienstag, 17:00 Uhr
- ☐ Mittwoch, 12:00 Uhr

Wo ist die Arztpraxis
- ☐ Kastanienallee 214
- ☐ Große Burgstraße 1
- ☐ Wurzelgasse 32
- ☐ Breite Straße 99
- ☐ Neptunweg 44

3.4. Zahlen als Text: Bitte schreiben Sie die folgenden Worte als Zahl:

Neunhundertsiebenundachtzig	
Achthundertsechsundsiebzig	
Siebenhundertfünfundsechzig	
Sechshundertvierundfünfzig	
Fünfhundertdreiundvierzig	
Vierhundertzweiunddreißig	
Dreihunderteinundzwanzig	
Zweihundertzehn	
Achtundneunzig	
Sieben	
Siebenundsiebzig	
Siebenhundertsiebenundsiebzig	

Bei welchem Arzt ist der Termin:
- ☐ Zahnarzt
- ☐ Kiefernorthopäde
- ☐ Universitäts-Zahnklinik
- ☐ Dentallabor

Wie heißt der Arzt?
- ☐ Gerd Bohrmann
- ☐ Max Bohrmann
- ☐ Johannes Bohrmann
- ☐ Wolfgang Bohrmann

Wann ist der Termin:
- ☐ Freitag, 08:00 Uhr
- ☐ Freitag, 09:00 Uhr
- ☐ Freitag, 10:00 Uhr
- ☐ Freitag, 11:00 Uhr
- ☐ Freitag, 12:00 Uhr

Wo ist die Arztpraxis
- ☐ Wurzelgasse 214
- ☐ Wurzelgasse 1
- ☐ Wurzelgasse 99
- ☐ Wurzelgasse 32

3.5. Leseverständnis: Ist die folgende Aussage wahr oder völliger Unsinn?

Ein Marienkäfer ist größer als ein Elefant. [ ] Wahr [ ] Unsinn
Eine Rakete ist schneller als ein Fahrrad. [ ] Wahr [ ] Unsinn
Eine Schnecke ist klüger als ein Mensch. [ ] Wahr [ ] Unsinn
Ein Schulkind ist jünger als ein Opa. [ ] Wahr [ ] Unsinn
Ein Wal ist kleiner als eine Maus. [ ] Wahr [ ] Unsinn
Ein Faultier ist langsamer als eine Fliege. [ ] Wahr [ ] Unsinn
Fünfzehn ist mehr als Fünfzig. [ ] Wahr [ ] Unsinn
Ein Koffer ist größer als ein Ei. [ ] Wahr [ ] Unsinn
Ein Nilpferd ist leichter als ein Kolibri. [ ] Wahr [ ] Unsinn
Die Sonne scheint heller als der Mond. [ ] Wahr [ ] Unsinn
Ein Wurm ist länger als eine Schlange. [ ] Wahr [ ] Unsinn
Ein Zwerg ist kleiner als ein Riese. [ ] Wahr [ ] Unsinn
Ein Panzer ist leichter als eine Feder. [ ] Wahr [ ] Unsinn
Eine Kerze ist dunkler als eine Feldleuchte. [ ] Wahr [ ] Unsinn
Ein Hundertstel ist mehr als ein Zehntel. [ ] Wahr [ ] Unsinn
1.000 ist mehr als 100. [ ] Wahr [ ] Unsinn
Ein Spatz ist lauter als eine Polizeisirene. [ ] Wahr [ ] Unsinn

Wie heißt der Arzt?
- ☐ Gerd Bohrmann
- ☐ Max Bohrmann
- ☐ Johannes Bohrmann
- ☐ Wolfgang Bohrmann

Bei welchem Arzt ist der Termin:
- ☐ Zahnarzt
- ☐ Kiefernorthopäde
- ☐ Universitäts-Zahnklinik
- ☐ Dentallabor

Wo ist die Arztpraxis
- ☐ Wurzelgasse 214
- ☐ Wurzelgasse 1
- ☐ Wurzelgasse 99
- ☐ Wurzelgasse 32

Wann ist der Termin:
- ☐ Freitag, 08:00 Uhr
- ☐ Freitag, 09:00 Uhr
- ☐ Freitag, 10:00 Uhr
- ☐ Freitag, 11:00 Uhr
- ☐ Freitag, 12:00 Uhr

3.6. Freies Zeichnen: Bitte zeichnen Sie eine Blume in das freie Feld.

Wie heißt der Arzt?
- ☐ Gerd Bohrmann
- ☐ Max Bohrmann
- ☐ Johannes Bohrmann
- ☐ Wolfgang Bohrmann

Bei welchem Arzt ist der Termin:
- ☐ Zahnarzt
- ☐ Kiefernorthopäde
- ☐ Universitäts-Zahnklinik
- ☐ Dentallabor

Wo ist die Arztpraxis
- ☐ Wurzelgasse 214
- ☐ Wurzelgasse 1
- ☐ Wurzelgasse 99
- ☐ Wurzelgasse 32

Wann ist der Termin:
- ☐ Freitag, 08:00 Uhr
- ☐ Freitag, 09:00 Uhr
- ☐ Freitag, 10:00 Uhr
- ☐ Freitag, 11:00 Uhr
- ☐ Freitag, 12:00 Uhr

3.7. Chinesisch-lernen: Bitte zeichnen Sie diese chinesischen Schriftzeichen ab und merken Sie sich ihre Bedeutung.

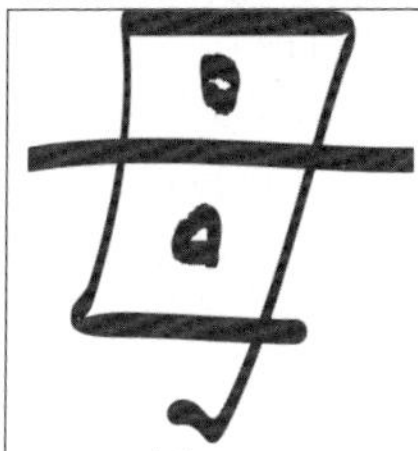 Mutter		 Familie	

3.8. Fehlende Buchstaben: Welches Teil der Wohnungseinrichtung ist gemeint? Bitte schreiben Sie den fehlenden Buchstaben in das Wort.

T___sch	L___mpe	Vitr___ne
Sof___	Back___fen	Badew___nne
Sess___l	T___r	Mikrow___lle
St___hl	Fenst___r	Nachtschr___nkchen
Schr___nk	B___ld	Komm___de
Tr___ppe	Hock___r	Schreibt___sch
Tepp___ch	Kling___l	B___tt
Reg___l	Kühlschr___nk	Hutabl___ge
Anr___chte	Gard___robe	Waschb___cken
H___rd	Fußb___den	Kleiderschr___nk

Bei welchem Arzt ist der Termin, den Sie sich anfangs merken sollen:

Z______________________

Wann ist der Termin: F_____________ um 10:00 Uhr

Wie heißt der Arzt? J____________ B_________________

Wo ist die Arztpraxis: W__________________ 32

3.9. Fehler-finden: Kennen Sie sich mit der Schreibweise von –ss- und –ß- nach der neuen Rechtschreibung aus? Hier sind nur drei Worte richtig. Welche?

Der Spass	Das Gesäss	Das Weissbrot
Die Gaßflasche	Das Graß	Das Vanille-Eiß
Der Maißkolben	Das Sektglaß	Die Wüstenmauß
Der Blumenstrauss	Der Fuss	Das Rettungsfloss
Der Kreiß	Das Loß	Das Mooß
Der Kloss	Das Bandmass	Der Schoss
Das Fliessband	Die Giesskanne	Der Schweiss
Das Aß	Der Preiß	Der Ausweiß
Der Stosszahn	Der Gruss	Das Gefäss
Der Busstag	Der Beweiss	Der Russ
Das Weissbrot	Das Bahngleiß	Der Kreissaal
Das Radieschen	Die Kiesgrube	Die Weisheit
schmeissen	abreissen	heissen
Die Pferderaße	Der Knaßtbruder	Die Schulklaße
Die Raßpel	Professor Haßtig	Die Faßtenzeit
Der Asst	Die Angsst	Der Minisster

Tipp: ein –ss- folgt nur nach einem kurz-gesprochenen, betonten Vokal (a, e, i, o, u). Dagegen schreibt man –ß- oder –s- nach lang-gesprochenen Selbstlauten und nach –au-, -eu-, -ei- und –ie-.

Bei welchem Facharzt ist der Termin, den Sie sich anfangs merken sollen:

Z____

Wann ist der Termin:

F__________________________ um 10:00 Uhr

Wie heißt der Arzt mit Namen?

J_____________________ B__________________

In welcher Straße ist die Arztpraxis

W________________________________ 32

3.10. Logisches Denken: Die folgenden Zahlen sind in jeder Reihe nach einem logischen Gesetz aufgebaut. Welche Zahl muss am Ende eingesetzt werden, damit diese Reihenfolge fortgesetzt wird?

(1) 11 22 33 44 55 66 77 ___ 99

(2) 1 2 3 4 1 2 3 4 1 ___ 3 4

(3) 5 6 7 6 5 6 7 6 5 6 ___ 6 5 6

(4) 0 1 3 6 10 15 21 28 36 ___ 55

(5) 1 99 2 88 3 77 4 66 5 ___ 6 44

(6) 10 20 15 25 20 30 25 35 ___ 40

(7) 5 20 10 40 20 80 40 160 ___ 320

(8) 987 654 321 123 456 ___

(9) 1 2 4 8 16 32 64 ___ 256 512

(10) 1 2 2 3 3 3 4 4 ___ 4 5 5 5 5 5

(11) 1 4 9 16 25 36 49 ___ 81 100

(12) 1 2 4 7 11 16 22 29 ___ 46

(13) 00 01 10 11 100 101 111 1000 ____

(14) 3101 2802 3103 2804 3105 _____ 3107

Lösungshilfe: (1) = 88, (2) = 2, (3) = 7, (4) = 45, (5) = 55, (6) = 30, (7) = 80, (8) = 789, (9) = 128, (10) = 4, (11) = 64, (12) = 37, (13) = 1001, (14) = 2806.

Bei welchem Facharzt ist der Termin, den Sie sich anfangs merken sollen:

____

Wann ist der Termin:

____

Wie heißt der Arzt mit Namen?

____

In welcher Straße ist die Arztpraxis

____

3.11. Rechtschreibung: Bitte setzen Sie jeweils die über der Spalte stehenden Buchstaben in die folgenden Worte ein.

-k- oder –ck- ?	-r- oder –rr- ?	-z- oder –tz- ?
La____	Spa____schwein	Ka____e
Ba____ofen	Keh____besen	Schmu____
Stre____e	A____beit	Pla____
Fle____	So____gen	Me____ger
Har____e	I____tum	Wal____e
Stär____e	Spe____e	Kan____el
Mar____ierung	Ka____e	Wur____el
Mel____maschine	Wi____kopf	Kran____
Lo____e	Schu____wolle	Schli____
Ho____er	Tie____e	Ne____
Kamelhö____er	Lee____gut	Hi____e
Bro____en	Schmie____fett	Scha____
Schlu____	Scheunento____	Kri____elei

Bei welchem Facharzt ist der Termin: ______________________

Wann ist der Termin: ______________________

Wie heißt der Arzt mit Namen? ______________________

In welcher Straße ist die Arztpraxis? ______________________

3.12. Sprüche ergänzen: Welcher Anfang eines Sprichwortes passt zu welchem Ende?

1.	Aller Anfang	sind drei.	A
2.	Aller guten Dinge	ist schwer.	K
3.	Alles hat	nach Rom.	F
4.	Alle Wege führen	seine Zeit.	F
5.	Alte Liebe	vor Torheit nicht.	E
6.	Alter schützt	rostet nicht.	E
7.	Aufgeschoben ist	Zahn um Zahn.	A
8.	Auge um Auge,	nicht aufgehoben.	T
9.	Aus den Augen,	als die Henne.	H
10.	Besser eine Stunde zu früh	aus dem Sinn.	S
11.	Besser spät	als eine Minute zu spät.	S
12.	Borgen macht	als nie.	E
13.	Das Ei will klüger sein	Sorgen.	N
14.	Das Ende krönt	nicht weit vom Stamm.	D
15.	Dem Glücklichen	das Werk.	A
16.	Der Apfel fällt	schlägt keine Stunde.	N
17.	Der Appetit kommt	der schwerste.	U
18.	Der erste Schritt ist	gibt nach.	C
19.	Der Klügere	und Gott lenkt.	H
20.	Der Mensch denkt	beim Essen.	T

Wenn Sie hier die Buchstaben aus der letzten Spalte korrekt eintragen, können Sie anhand des Lösungswortes prüfen, ob Ihre Zuordnung stimmt.

1	2	3	4	5	6	7	8	9	10	11	12	13	14	15	16	17	18	19	20
K																			

Bei welchem Facharzt ist der Termin, den Sie sich anfangs merken sollen:

____

Wann ist der Termin:

____

Wie heißt der Arzt mit Namen?

____

In welcher Straße ist die Arztpraxis

____

3.13. Rechnen: Bitte rechnen Sie die folgenden Aufgaben aus. Eine Lösung passt nicht in die Reihe der absteigenden Zahlenfolge. Welche?

48 – 7 =	58 – 31 =	46 – 33 =
56 – 16 =	69 – 43 =	51 – 39 =
65 – 26 =	77 – 52 =	69 – 58 =
73 – 35 =	83 – 59 =	77 – 67 =
81 – 44 =	96 – 73 =	82 – 73 =
92 – 56 =	33 – 11 =	91 – 83 =
43 – 8 =	45 – 24 =	22 – 15 =
55 – 21 =	59 – 39 =	39 – 33 =
62 – 29 =	68 – 49 =	48 – 43 =
74 – 42 =	74 – 56 =	53 – 39 =
87 – 56 =	88 – 71 =	61 – 58 =
98 – 68 =	96 – 80 =	71 – 69 =
39 – 10 =	20 – 5 =	82 – 81 =
44 – 16 =	37 – 23 =	98 – 98 =

Bei welchem Facharzt ist der Termin, den Sie sich anfangs merken sollen:

____

Wann ist der Termin:

____

Wie heißt der Arzt mit Namen?

____

In welcher Straße ist die Arztpraxis

____

3.14. Worte schreiben: Welche Worte sind in diesen Begriffen versteckt?

W**AFFE**L: *Affe*
TANKER: __________________
STREIFEN: __________________
STRAUCH: __________________
SAUGEN: __________________
RENTE: __________________
OSTERN: __________________
NACHT: __________________
KRINGEL: __________________
KRANK: __________________
KASTANIE: __________________
HELFER: __________________
GRABEN: __________________
BOHRER: __________________
BEULE: __________________
RADIO: __________________
GESICHT: __________________
GEDANKE: __________________
BRATEN: __________________

Bei welchem Facharzt ist der Termin: ____________________

Wann ist der Termin: ____________________

Wie heißt der Arzt mit Namen? ____________________

In welcher Straße ist die Arztpraxis? ____________________

3.15. Abzeichnen: Bitte zeichnen Sie die Grafik möglichst genau ab.

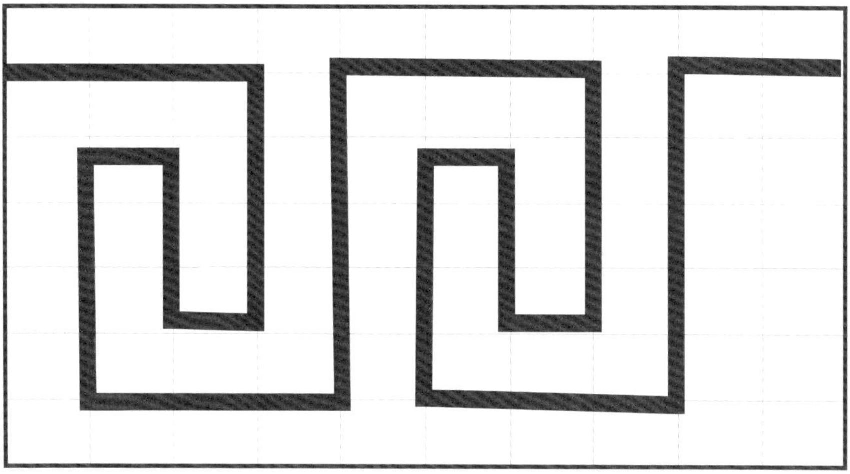

Bei welchem Facharzt ist der Termin: ____________________

Wann ist der Termin: ____________________

Wie heißt der Arzt mit Namen? ____________________

In welcher Straße ist die Arztpraxis? ____________________

3.16. Geheim Code: Welcher kluge Spruch ist hier versteckt? Jede Zahl entspricht einem Buchstaben im Alphabet. Bitte übersetzen Sie den Geheimcode in Worte.

1 = A	11 = K	21 = U
2 = B	12 = L	22 = V
3 = C	13 = M	23 = W
4 = D	14 = N	24 = X
5 = E	15 = O	25 = Y
6 = F	16 = P	26 = Z
7 = G	17 = Q	27 = Ä
8 = H	18 = R	28 = Ö
9 = I	19 = S	29 = Ü.
10 = J	20 = T	

26	5	8	14

13	1	12

22	5	18	19	1	7	5	14

9	19	20

2	5	19	19	5	18

1	12	19

5	9	14	13	1	12

12	29	7	5	14	.
					.

Bei welchem Facharzt ist der Termin: ______________________

Wann ist der Termin: ______________________

Wie heißt der Arzt mit Namen? ______________________

In welcher Straße ist die Arztpraxis? ______________________

3.17. Satz ergänzen: Bitte vervollständigen Sie die folgenden Satzanfänge sinnvoll.

Bananen sind ______________________________________

____.

Der neue Computer war ______________________________

____.

Das Wetter wird in den nächsten Tagen ________________

____.

Das letzte Buch, das ich gelesen habe, war ____________

____.

Im Fernsehen gibt es ________________________________

____.

Der Arbeiter holte sich ______________________________

____.

Der Flamingo im Zoo ________________________________

____.

Der Bankdirektor gab ________________________________

____.

Bei welchem Facharzt ist der Termin: ______________________

Wann ist der Termin: ______________________

Wie heißt der Arzt mit Namen? ______________________

In welcher Straße ist die Arztpraxis? ______________________

3.18. Altgedächtnis: Schreiben Sie die Namen von möglichst vielen Verwandten aus Ihrer Familie hier auf. Fügen Sie in Klammern dahinter an, in welchem Verwandtschaftsverhältnis Sie zu der Person stehen (z.B. Bruder, Schwester, Sohn, Tochter, Enkel, Onkel, Tante, Nichte, Neffe)

____

____

____

____

____

____

____

____

____

3.19 Chinesisch-lernen:, Energie, Familie, Feuer, Mut, Mutter und Wasser. Was bedeuteten diese sechs Zeichen? (Lösung siehe S. 230).

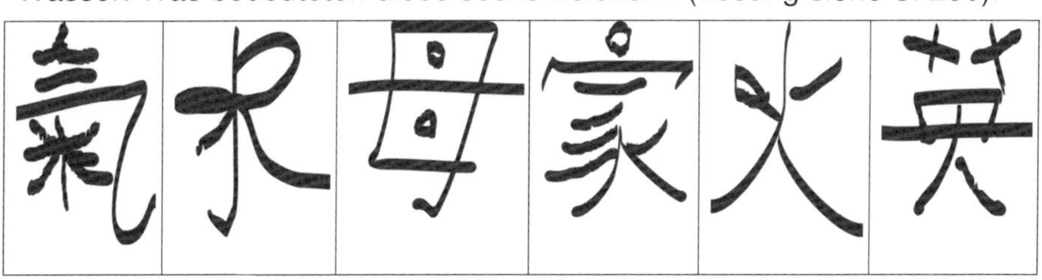

Bei welchem Facharzt ist der Termin: ______________________

Wann ist der Termin: ______________________

Wie heißt der Arzt mit Namen? ______________________

In welcher Straße ist die Arztpraxis? ______________________

3.20. Fehlende Rechenzeichen: Bitte setzen Sie in den folgenden Aufgaben die Rechenzeichen **+** (plus) oder • (mal) so ein, dass die Lösung am Ende stimmt.

3 • 3 = 9	5 7 = 35	7 4 = 11
3 + 3 = 6	2 4 = 8	6 7 = 13
4 4 = 16	8 5 = 40	5 4 = 9
4 4 = 8	9 3 = 27	7 8 = 15
5 5 = 10	3 8 = 24	6 4 = 10
5 5 = 25	7 3 = 21	8 4 = 12
6 6 = 36	3 7 = 21	4 9 = 13
6 6 = 12	3 4 = 12	9 7 = 16
7 7 = 14	7 4 = 28	8 1 = 9
7 7 = 49	6 7 = 42	5 7 = 12
8 8 = 64	5 4 = 20	2 4 = 6
8 8 = 16	7 8 = 56	8 5 = 13
9 9 = 18	6 4 = 24	9 3 = 12
9 9 = 81	8 4 = 32	3 8 = 11
3 4 = 12	4 9 = 36	8 3 = 24
3 4 = 7	9 7 = 63	8 4 = 32
5 6 = 11	8 1 = 8	8 5 = 40
5 6 = 30	5 3 = 15	8 6 = 48
7 8 = 56	8 2 = 16	8 9 = 72
7 8 = 15	7 3 = 10	8 3 = 11
2 6 = 8	3 7 = 10	8 4 = 12
2 6 = 12	3 4 = 7	8 5 = 13
4 9 = 36	5 3 = 8	8 6 = 14
4 9 = 13	8 2 = 10	8 9 = 17

Bei welchem Facharzt ist der Termin: ____________________

Wann ist der Termin: ____________________

Wie heißt der Arzt mit Namen? ____________________

In welcher Straße ist die Arztpraxis? ____________________

3.21. Worte ausdenken: Bitte schreiben Sie hier möglichst viele Worte mit dem Anfangsbuchstaben „M" hin (z.B. Maschine, merken, Markus, Madrid, matschig,...).

Bei welchem Facharzt ist der Termin: ____________________

Wann ist der Termin: ____________________

Wie heißt der Arzt mit Namen? ____________________

In welcher Straße ist die Arztpraxis? ____________________

3.22. Textaufgaben: Bitte lösen Sie die folgenden Textaufgaben.

Kathrin hat fünf Sand-Törtchen gemacht. Sie backt noch vier dazu. Wie viele sind das?	
Am Würstchenstand werden vormittags 30 und nachmittags 60 Würstchen verkauft.	
Nora kauft sich für 2,- €uro Lakritze und für 3,- €uro ein Eis und für 4,- € Spielzeug.	
Die Stadtgärtnerei pflanzt 40 Birken, 30 Linden und 29 Eichen.	
In der Lindenstraße stehen 55 Häuser auf der rechten und 35 Häuser auf der linken Seite.	
Im vorderen Waggon der Straßenbahn sind 65 Menschen und im hinteren Waggon sind 25 Personen.	
Die Bäckerei backt 30 Schwarzbrote, 15 Roggenbrote und 45 Weißbrote.	
Herr Müller hat 35 Flaschen Rotwein und 44 Flaschen Weißwein und 20x Sekt im Keller.	
Anke hat 81 Briefmarken gesammelt. Ihre Tante schenkt ihr noch 18 dazu.	
Der Baumarkt hat 70 Farbtöpfe im Regal. Ein Mitarbeiter stellt noch 20 weitere hinein.	
Im Schul-Kindergarten sind 41 Mädchen und 49 Jungen.	
Peter gibt 40,- €uro auf dem Rummel aus, sein Bruder gibt 28,- €uro aus und seine Schwester 31,- €uro.	
Herr Schmidt setzt im Frühling 30 Weißkohl-, 20 Blumenkohl- und 40 Grünkohlpflanzen.	
Jörg kauft sich ein Paar Fußballschuhe für 42,- €uro, einen Fußball für 18,- €uro und ein Trikot für 39,- €uro.	

Was wissen Sie noch über den Arzt-Termin? Schreiben Sie hier alle Informationen hin, die Ihnen einfallen:

E N D E 3. TEIL

4. ÜBUNG: **Einkaufsliste**

Anja Schmidt fährt übers Wochenende nach England und schreibt sich vorher eine Einkaufsliste. Im Tiermarkt will sie 3 Dosen Katzenfutter holen, damit ihre Nachbarin den Kater füttern kann. Im Buchladen wird sie sich ein deutsch-englisches Wörterbuch besorgen und außerdem muss sie im Elektroladen zwei Batterien für den Fotoapparat holen, damit sie Urlaubsbilder machen kann. Da sie mit dem Schiff reist, möchte sie zur Sicherheit in der Apotheke noch 10 Tabletten gegen Seekrankheit kaufen. Man weiß ja nie, wen man auf so einer Reise kennenlernt; zur Sicherheit besorgt sie sich 5 Kondome. Die wird sie in der Drogerie holen, da sind sie billiger und außerdem kennt sie dort die Kassiererin nicht so gut, dann ist es nicht so peinlich. Haben Sie sich gemerkt, was alles auf der Liste steht?

Bitte zeichnen Sie hier die Dinge, die Frau Schmidt einkaufen soll:

Katzenfutter:	**Batterien:**
Wörterbuch:	**Tabletten gegen Seekrankheit:**
Kondome:	

Bitte ankreuzen:

Was wollte Frau Schmidt im Tiermarkt kaufen?
☐ 1 Dose Hundefutter
☐ 2 Pakete Fischfutter
☐ 3 Dosen Katzenfutter
☐ 4 Pak. Meerschwein-Futter

Was wollte Frau Schmidt im Elektromarkt kaufen?
☐ 2 Batterien für den Fotoapparat
☐ ein Ladegerät
☐ einen neuen Föhn
☐ einen Rasierapparat

Was wollte Frau Schmidt im Buchladen kaufen:
☐ Ein Märchenbuch
☐ Fotoband „Wunder der Erde“
☐ Ein Kriminalroman
☐ deutsch-englisches Wörterbuch

Was wollte Frau Schmidt in der Apotheke kaufen:
☐ Kopfschmerztabletten
☐ Magen-Darm-Tee
☐ Fußpilz-Salbe
☐ Tabletten gegen Seekrankheit

Was wollte sie in der Drogerie kaufen?
☐ Handseife ☐ Kondome ☐ Bodylotion

4.1. Labyrinth: Bitte zeichnen Sie den Weg vom Start bis zum Ziel in folgendes Labyrinth ein:

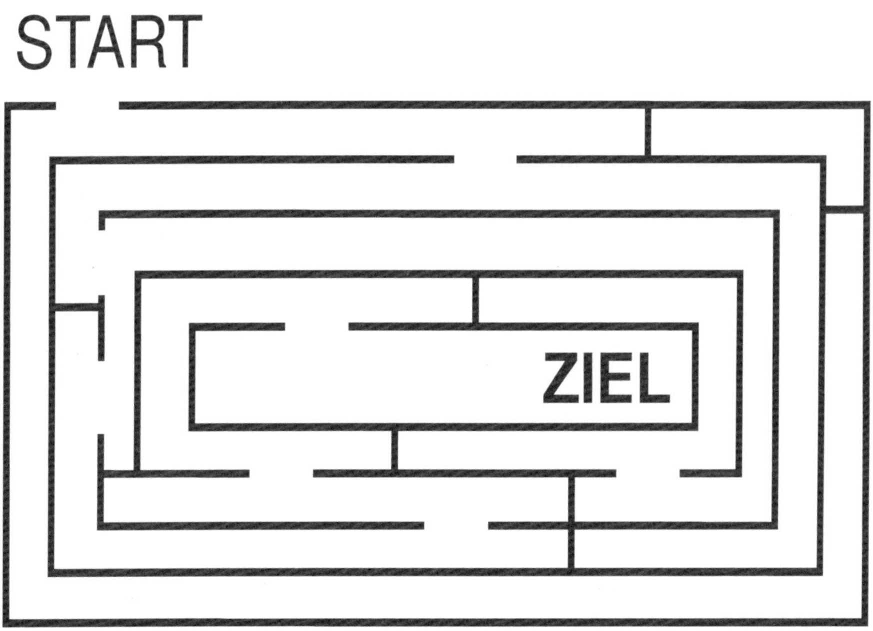

Was wollte Frau Schmidt im Tiermarkt kaufen?
- ☐ 4 Pak. Meerschwein-Futter
- ☐ 3 Dosen Katzenfutter
- ☐ 2 Pakete Fischfutter
- ☐ 1 Dose Hundefutter

Und in der Apotheke?
- ☐ Tabletten gegen Seekrankheit
- ☐ Kopfschmerztabletten
- ☐ Magen-Darm-Tee
- ☐ Fußpilz-Salbe

Was wollte sie im Elektromarkt kaufen?
- ☐ einen Rasierapparat
- ☐ 2 Batterien für Fotoapparat
- ☐ ein Ladegerät
- ☐ einen neuen Föhn

Was wollte Frau Schmidt in der Drogerie kaufen?
- ☐ Handseife
- ☐ Bodylotion
- ☐ Kondome

Und im Buchladen?
- ☐ Ein Kriminalroman
- ☐ Ein Märchenbuch
- ☐ deutsch-englisches Wörterbuch
- ☐ Fotoband „Wunder der Erde“

4.2. Abzählen: Bitte zählen Sie alle Pfeile (⬀ ↗ ➶ ➲ ⇘) und tragen Sie das Ergebnis für jede Zeile rechts ein.

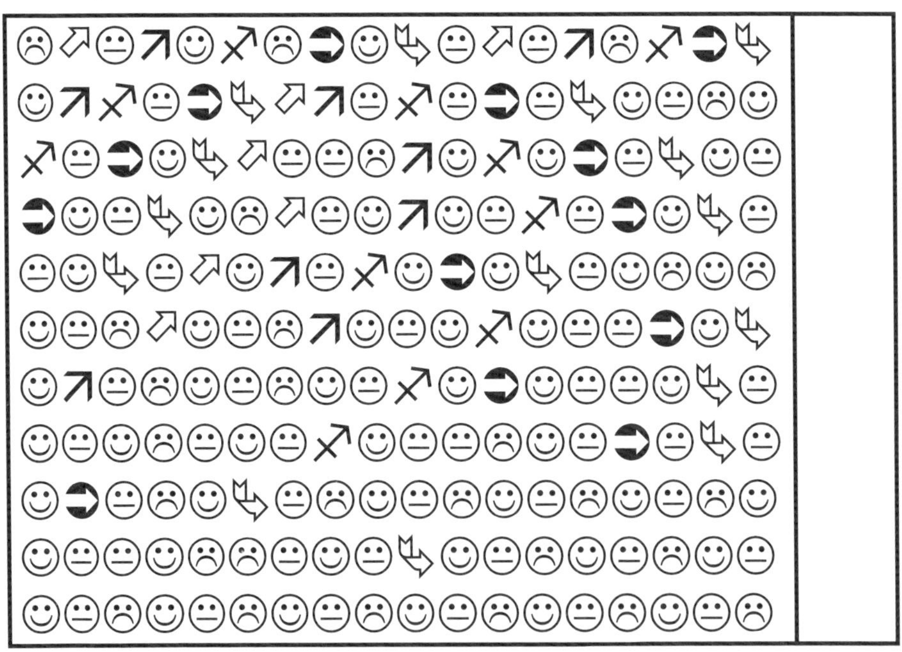

Was wollte Frau Schmidt im Tiermarkt kaufen?
- ☐ 1 Dose Hundefutter
- ☐ 2 Pakete Fischfutter
- ☐ 3 Dosen Katzenfutter
- ☐ 4 Pak. Meerschwein-Futter

Was wollte Frau Schmidt in der Apotheke kaufen:
- ☐ Fußpilz-Salbe
- ☐ Tabletten gegen Seekrankheit
- ☐ Kopfschmerztabletten
- ☐ Magen-Darm-Tee

Was wollte sie im Elektromarkt kaufen?
- ☐ ein Ladegerät
- ☐ einen neuen Föhn
- ☐ einen Rasierapparat
- ☐ zwei Batterien

Was wollte Frau Schmidt im Buchladen kaufen:
- ☐ Fotoband „Wunder der Erde“
- ☐ Ein Kriminalroman
- ☐ Ein dt.-engl. Wörterbuch
- ☐ Ein Märchenbuch

Was wollt sie in der Drogerie kaufen:
☐ Handseife ☐ Bodylotion ☐ Kondome

4.3. Konzentration: Welches Wort ist nur einmal vorhanden? Wäre ja echtes Pech, wenn Sie es nicht finden.

Brot	Haus	Käfer	Huhn	Glück	Stift	Boot
Käfer	Brot	Haus	Glück	Topf	Heft	Stift
Buch	Bein	Boot	Huhn	Buch	Topf	Frau
Mann	Loch	Dose	Rock	Mann	Maus	Susi
Rede	Loch	Handy	Insel	Dose	Tuch	Tuch
Raub	Handy	Bruch	Spinne	Gelb	Kuh	Kind
Bruch	Gelb	Kuh	Spinne	Kind	Feile	Feile
Frau	Insel	Stuhl	Kleid	Bild	Rede	Bein
Stuhl	Raub	Kleid	Susi	Maus	Bild	Heft
Leder	Tran	Raps	Pech	Mut	Uhr	Sofa
Weiß	Nil	April	Trave	Uhr	Ziege	April
Kinn	Uhr	Weiß	Kinn	Ziege	Nil	Trave
Sofa	Mut	Rock	Leder	Tran	Raps	Uhr
Pute	Trave	Bär	Mund	Ei	Hund	Huhn
Bär	Hund	Huhn	Trave	Mund	Ei	Pute

Erinnern Sie sich noch an die Einkaufsliste von Frau Schmidt?

Tiermarkt:
- ☐ 1 Dose Hundefutter
- ☐ 2 Pakete Fischfutter
- ☐ 3 Dosen Katzenfutter
- ☐ 4 Pak. Meerschwein-Futter

Apotheke:
- ☐ Kopfschmerztabletten
- ☐ Magen-Darm-Tee
- ☐ Fußpilz-Salbe
- ☐ Tabletten gegen Seekrankheit

Elektromarkt:
- ☐ 2 Batterien für Fotoapparat
- ☐ 1 Ladegerät
- ☐ einen neuen Föhn
- ☐ einen Rasierapparat

Drogerie:
- ☐ Handseife
- ☐ Kondome
- ☐ Bodylotion

Buchladen:
- ☐ Ein Märchenbuch
- ☐ Fotoband „Wunder d. Erde“
- ☐ Ein Kriminalroman
- ☐ Ein dt.-engl. Wörterbuch

4.4. Zahlen als Text: Bitte schreiben Sie die folgenden Worte als Zahl:

Einhundert ____________________

Zweitausend ____________________

Dreißigtausend ____________________

Vierhunderttausend ____________________

Fünf Millionen ____________________

Sechshunderttausend ____________________

Siebzigtausend ____________________

Achttausend ____________________

Neunhundert ____________________

Was sollte Frau Schmidt im Tiermarkt kaufen:
- ☐ 1 Dose Katzenfutter
- ☐ 2 Dosen Katzenfutter
- ☐ 3 Dosen Katzenfutter
- ☐ 4 Dosen Katzenfutter

Im Elektromarkt:
- ☐ 1 Batterie für Fotoapparat
- ☐ 2 Batterien für Fotoapparat
- ☐ 3 Batterien für Fotoapparat
- ☐ 4 Batterien für Fotoapparat

In der Apotheke:
- ☐ Tabletten gegen Fußpilz
- ☐ Tabletten gehen Asthma
- ☐ Tabletten gegen Masern
- ☐ Tabletten gegen Seekrankheit

In der Drogerie:
- ☐ Haarfärbemittel
- ☐ Haarbürste
- ☐ Kondome

Welches Wörterbuch will sie im Buchladen kaufen?
- ☐ deutsch-französisches
- ☐ deutsch-englisches
- ☐ deutsch-spanisches
- ☐ deutsch-türkisches

4.5. Leseverständnis: Sind die folgenden Aussagen wahr?

Hundert Cent sind mehr als zwei Euro.	[ ] Wahr	[ ] Unsinn
Hundert Meter sind mehr als 1 km.	[ ] Wahr	[ ] Unsinn
Fünf Pfund sind weniger als 1 kg.	[ ] Wahr	[ ] Unsinn
500 Gramm sind weniger als 1 Zentner.	[ ] Wahr	[ ] Unsinn
1 Hektar ist mehr als ein Quadratmeter.	[ ] Wahr	[ ] Unsinn
20 Millimeter sind weniger als 10 cm.	[ ] Wahr	[ ] Unsinn
Ein Föhn ist lauter als eine Kreissäge.	[ ] Wahr	[ ] Unsinn
Samt glänzt mehr als Gold.	[ ] Wahr	[ ] Unsinn
Ein Klavier ist leicht.	[ ] Wahr	[ ] Unsinn
Ein Dutzend sind 12 Stück.	[ ] Wahr	[ ] Unsinn
Eine Minute hat 60 Sekunden.	[ ] Wahr	[ ] Unsinn
Ein Zentner hat 50 Kilogramm.	[ ] Wahr	[ ] Unsinn
Das Jahr hat 24 Monate.	[ ] Wahr	[ ] Unsinn
Der Tag hat 12 Stunden.	[ ] Wahr	[ ] Unsinn
Die Stunde hat 365 Minuten.	[ ] Wahr	[ ] Unsinn
Ein Jahr hat 365 Tage.	[ ] Wahr	[ ] Unsinn

Was wollte Frau Schmidt im Tiermarkt kaufen?

3 Dosen K_______________________________

Was wollte Frau Schmidt im Elektromarkt kaufen?

2 Batterien für ___________________________

Was wollte Frau Schmidt im Buchladen kaufen?

Ein ______________-_____________ Wörterbuch

Was wollte Frau Schmidt in der Apotheke kaufen?

10 Tabletten gegen _________________________

Was wollte Frau Schmidt in der Drogerie kaufen?

5 Kon_____________________________________

4.6. Freies Zeichnen: Bitte zeichnen Sie einen Vogel in das freie Feld.

Was wollte Frau Schmidt im Buchladen kaufen?

Ein ______________-_____________ Wörterbuch

Was wollte Frau Schmidt in der Apotheke kaufen?

10 Tabletten gegen ______________________

Was wollte Frau Schmidt in der Drogerie kaufen?

5 Kon______________________________

Was wollte Frau Schmidt im Tiermarkt kaufen?

3 Dosen K__________________________

Was wollte Frau Schmidt im Elektromarkt kaufen?

2 Batterien für ______________________

4.7. Chinesisch-lernen: Bitte zeichnen Sie diese chinesischen Schriftzeichen ab und merken Sie sich ihre Bedeutung.

春 Frühling		夏 Sommer	

4.8. Fehlende Buchstaben: Welche Hauptstadt ist gemeint? Bitte schreiben Sie den fehlenden Buchstaben in das Wort.

Ber___in	Brüsse___	Dub___in
P___ag	Sara___ewo	Ha___anna
Ro___	P___king	Sof___a
W___shington	Ath___n	Buda___est
Kair___	Kopen___agen	Belg___ad
Ma___rid	Jakar___a	Lissa___on
Mo___kau	To___io	Hel___inki
Stock___olm	Canb___rra	Wie___
An___ara	Bagd___d	Amster___am

Was wollte Frau Schmidt im Tiermarkt kaufen?

3 Dosen K____________________________

Was wollte Frau Schmidt in der Apotheke kaufen?

10 Tabletten gegen _______________________

Was wollte Frau Schmidt in der Drogerie kaufen?

5 Kon______________________________

Was wollte Frau Schmidt im Elektromarkt kaufen?

2 Batterien für _________________________

Was wollte Frau Schmidt im Buchladen kaufen?

Ein ______________-_______________ Wörterbuch

4.9. Fehler-finden: Hier wurde nur eine einzige Rechenaufgabe richtig gelöst. Welche ist das?

2 x 4 = 9	6 x 7 = 44	4 x 9 = 45
3 x 4 = 14	7 x 8 = 55	3 x 3 = 6
4 x 5 = 25	8 x 9 = 76	4 x 4 = 44
5 x 5 = 35	9 x 2 = 17	5 x 6 = 40
6 x 6 = 49	2 x 3 = 8	6 x 9 = 45
7 x 6 = 24	3 x 5 = 14	7 x 1 = 1
8 x 7 = 65	4 x 6 = 26	8 x 3 = 26
9 x 7 = 72	5 x 7 = 32	9 x 9 = 81
2 x 8 = 28	6 x 8 = 84	2 x 6 = 13
3 x 8 = 42	7 x 9 = 64	3 x 7 = 23
4 x 9 = 63	8 x 8 = 72	4 x 5 = 19
5 x 9 = 55	9 x 8 = 74	5 x 10 = 500

Was wollte Frau Schmidt im Elektromarkt kaufen? ________________

Was wollte Frau Schmidt im Tiermarkt kaufen? ________________

Was wollte Frau Schmidt in der Drogerie kaufen? ________________

Was wollte Frau Schmidt im Buchladen kaufen? ________________

Was wollte Frau Schmidt in der Apotheke kaufen? ________________

4.10. Logisches Denken: Jede Reihe ist nach einer bestimmten Rubrik zusammengestellt. Schreiben Sie an das Ende der Zeile ein weiteres Wort, das auch in diese Rubrik passen könnte.

Rot, blau, violett, orange, braun, rosa ____________
Inder, Chinese, Grieche, Rumäne, Spanier ____________
Buche, Eiche, Linde, Kastanie, Birke ____________
Tisch, Stuhl, Schrank, Bett, Kommode ____________
Strümpfe, Mantel, Anorak, Unterhose ____________
Mercedes, VW, Opel, Volkswagen, Toyota ____________
Stiefmütterchen, Rose, Tulpe, Vergissmeinnicht ____________
Milch, Limonade, Mineralwasser, Bier ____________
Fliege, Biene, Libelle, Hummel ____________
Bernd, Christian, Detlev, Erich, Fred, Gustav ____________
Maus, Hamster, Ratte, Biber, Hase ____________
Radio, Fernseher, Bügeleisen, Kühlschrank ____________
Onkel, Oma, Neffe, Cousin, Enkel, Tante ____________
Bleistift, Kugelschreiber, Filzstift, Füller ____________
Deutsch, Mathematik, Physik, Chemie, Erdkunde ____________
Afrika, Angela, Auto, Amazonas, Amöbe, Arzt ____________

Was wollte Frau Schmidt im Tiermarkt kaufen:

Drei ____

Was wollte Frau Schmidt in der Drogerie kaufen:

Fünf ____

Was wollte Frau Schmidt im Elektromarkt kaufen:

Zwei ____

Was wollte Frau Schmidt im Buchladen kaufen:

Ein ____

Was wollte Frau Schmidt in der Apotheke kaufen:

Zehn ____

4.11. Rechtschreibung: Bitte setzen Sie die über den Spalten stehenden Buchstaben in die folgenden Worte ein.

-a- oder –aa- ?	-e- oder –ee- ?	-o- oder –oo- ?
Das P____r	Der Sp____r	Der Z____
M____germilch	L____derhose	Weißbr____t
Der ____l	Der Schn____	Das B____t
Tr____getasche	R____gelverstoß	Str____mleitung
Das H____r	Die All____	Das M____r
M____lermeister	S____gelschiff	gr____ßartig
Der St____t	Die Id____	Das M____s
N____getiere	Holzsch____mel	Blechd____se
Der S____l	Die B____ren	Das ist d____f
N____senloch	Nagelsch____re	R____senstrauß
Die W____ge	Das B____t	Das ist c____l
St____bhochsprung	Straßenb____sen	H____sentasche
Die S____t	Der T____r	Swimmingp____l

Was wollte Frau Schmidt im Elektromarkt kaufen? ________________

Was wollte Frau Schmidt im Tiermarkt kaufen? ________________

Was wollte Frau Schmidt in der Drogerie kaufen? ________________

Was wollte Frau Schmidt im Buchladen kaufen? ________________

Was wollte Frau Schmidt in der Apotheke kaufen? ________________

4.12. Sprüche ergänzen: Wie endet die folgende Redewendung?

1. Wer anderen eine Grube gräbt,	so liegt man.	D
2. Du sollst dem Ochsen, der da drischt,	nur die Wurst hat zwei.	E
3. Wie man sich bettet,	fällt selbst hinein.	R
4. Alles hat ein Ende,	nicht das Maul verbieten.	E
5. Lieber den Spatz in der Hand	Gold im Mund.	E
6. Morgenstund‘ hat	im Wasser fühlen.	N
7. Sich wie ein Fisch	als die Taube auf dem Dach.	W
8. In der Not frisst	einen Elefanten machen.	U
9. Aus einer Mücke	der Teufel Fliegen.	D
10. Ein Unglück kommt	ein Schuh daraus.	G
11. Andersrum wird	ein Bein krümmen können.	S
12. Keiner Fliege	selten allein.	N
13. Jemanden den Boden	und Dünn gehen.	Ü
14. Mit jemandem durch Dick	abstoßen.	S
15. Dem Tod	unter den Füßen wegziehen.	K
16. Sich die Hörner	von der Schippe springen.	N
17. Sich jeden Bissen	vom Mund absparen.	T
18. Sich Asche	in den Bauch ärgern.	E
19. Sich ein Loch	wund laufen.	R
20. Sich die Beine	auf das Haupt streuen.	L

Wenn Sie hier die Buchstaben aus der letzten Spalte korrekt eintragen, können Sie anhand des Lösungswortes prüfen, ob Ihre Zuordnung stimmt.

1	2	3	4	5	6	7	8	9	10	11	12	13	14	15	16	17	18	19	20
R																			

Was wollte Frau Schmidt im Tiermarkt kaufen:

Drei ____

Was wollte Frau Schmidt in der Drogerie kaufen:

Fünf ____

Was wollte Frau Schmidt im Elektromarkt kaufen:

Zwei ____

Was wollte Frau Schmidt im Buchladen kaufen:

Ein ____

Was wollte Frau Schmidt in der Apotheke kaufen:

Zehn ____

4.13. Rechnen: Bitte rechnen Sie die folgenden Aufgaben aus:

2 x 2 =	5 x 6 =	7 x 8 =
3 x 2 =	4 x 8 =	19 x 3 =
2 x 4 =	3 x 11 =	10 x 6 =
3 x 3 =	2 x 17 =	9 x 7 =
2 x 5 =	5 x 7 =	8 x 8 =
3 x 4 =	9 x 4 =	13 x 5 =
2 x 7 =	2 x 19 =	11 x 6 =
3 x 5 =	3 x 13 =	4 x 17 =
4 x 4 =	8 x 5 =	7 x 10 =
2 x 9 =	6 x 7 =	9 x 8 =
4 x 5 =	11 x 4 =	4 x 19 =
3 x 7 =	9 x 5 =	11 x 7 =
2 x 11 =	8 x 6 =	8 x 10 =
6 x 4 =	7 x 7 =	9 x 9 =
5 x 5 =	10 x 5 =	14 x 6 =
2 x 13 =	2 x 17 =	5 x 17 =
3 x 9 =	4 x 13 =	11 x 8 =
4 x 7 =	5 x 11 =	10 x 9 =

Was wollte Frau Schmidt im Elektromarkt kaufen? ____________________

Was wollte Frau Schmidt im Tiermarkt kaufen? ____________________

Was wollte Frau Schmidt in der Drogerie kaufen? ____________________

Was wollte Frau Schmidt im Buchladen kaufen? ____________________

Was wollte Frau Schmidt in der Apotheke kaufen? ____________________

4.14. Worte schreiben: Welches Wort lässt sich jeweils aus den vier Buchstaben bilden?

B I E N	= *Bein*	B E I R	____________
A E F F	____________	D I L B	____________
S T M I	____________	L E B I	____________
A O T M	____________	B T U L	____________
M N D O	____________	E D A M	____________
A O T U	____________	D K N A	____________
B L A L	____________	D B I E	____________
D R O F	____________	D G I N	____________
B K N A	____________	B N A D	____________
B U M A	____________	D S O E	____________
R E B A	____________	G S A R	____________
B U H C	____________	D E E R	____________
N E A S	____________	H R E Z	____________
W N I E	____________	B I N E	____________
S K T E	____________	H N A D	____________
L T F U	____________	A G U E	____________
R E B Ü	____________	M N U D	____________

Was wollte Frau Schmidt im Tiermarkt kaufen: ____________________

Was wollte Frau Schmidt in der Drogerie kaufen: ____________________

Was wollte Frau Schmidt im Elektromarkt kaufen: ____________________

Was wollte Frau Schmidt im Buchladen kaufen: ____________________

Was wollte Frau Schmidt in der Apotheke kaufen: ____________________

4.15. Abzeichnen: Bitte zeichnen Sie die Grafik möglichst genau ab.

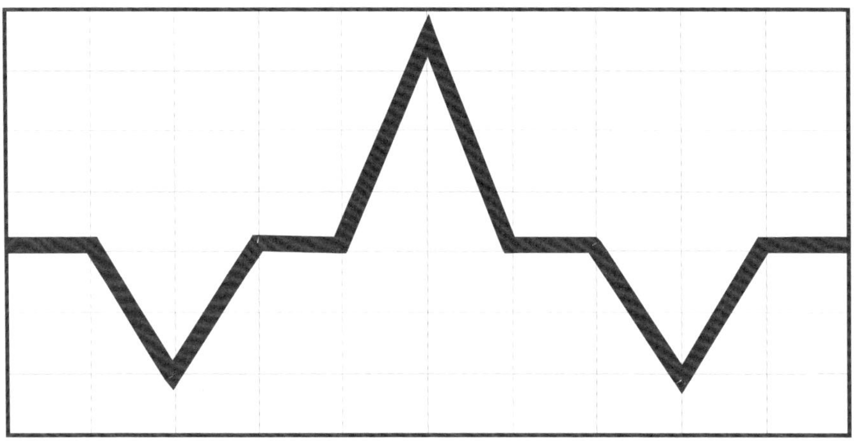

Was wollte Frau Schmidt einkaufen?

Im Buchladen: ______________________

In der Apotheke: ______________________

In der Drogerie: ______________________

Im Tiermarkt: ______________________

Im Elektromarkt: ______________________

4.16. Geheimcode: Was verspricht das Orakel aus dem chinesischen Glückskeks Ihnen heute? Jede Zahl entspricht einem Buchstaben im Alphabet. Bitte übersetzen Sie den Geheimcode.

1 = A	9 = I	17 = Q	25 = Y
2 = B	10 = J	18 = R	26 = Z
3 = C	11 = K	19 = S	27 = Ä
4 = D	12 = L	20 = T	28 = Ö
5 = E	13 = M	21 = U	29 = Ü.
6 = F	14 = N	22 = V	
7 = G	15 = O	23 = W	
8 = H	16 = P	24 = X	

1	3	8	20	5

1	21	6

4	5	9	14	5

7	5	4	1	14	11	5	14	,
								,

19	9	5

19	9	14	4

4	5	18

1	14	6	1	14	7

4	5	9	14	5	18

20	1	20	5	14	.
					.

Was wollte Frau Schmidt im Tiermarkt kaufen: ______________________

Was wollte Frau Schmidt in der Drogerie kaufen: ____________________

Was wollte Frau Schmidt im Elektromarkt kaufen: ___________________

Was wollte Frau Schmidt im Buchladen kaufen: ______________________

Was wollte Frau Schmidt in der Apotheke kaufen: ____________________

4.17. Satz ergänzen: Bitte vervollständigen Sie die Satzanfänge.

Die Straße war gesperrt, weil ______________________________________

____.

Der Zug kam zu spät, denn ____

____.

In dem Buch stand ____

____.

Gunda Zirtzewitz kauft in dem Laden ________________________________

____.

Das Gerät funktionierte nicht, weil _________________________________

____.

Die kleine Anna weinte, denn _____________________________________

____.

Von den 1.000,- Euro kaufte er sich _________________________________

____.

Am meisten freute Katharina sich auf ____________________________.

Was wollte Frau Schmidt einkaufen?

Im Buchladen: ______________________________

In der Apotheke: ______________________________

In der Drogerie: ______________________________

Im Tiermarkt: ______________________________

Im Elektromarkt: ______________________________

4.18. Altgedächtnis: Wissen Sie noch alle Adressen, an denen Sie einmal gewohnt haben? Schreiben Sie möglichst viele hier auf.

____

____

____

Wissen Sie noch alle Arbeitsstellen, an denen Sie einmal gearbeitet haben? Schreiben Sie möglichst viele hier auf.

____

____

____

4.19 Chinesisch-lernen: Energie, Familie, Feuer, Frühling, Mut, Mutter, Sommer und Wasser. Was bedeuteten diese acht Zeichen? (Lösung siehe S. 230).

氣	水	母	家
春	夏	火	英

Was wollte Frau Schmidt im Tiermarkt kaufen: ____________________

Was wollte Frau Schmidt in der Drogerie kaufen: ____________________

Was wollte Frau Schmidt im Elektromarkt kaufen: ____________________

Was wollte Frau Schmidt im Buchladen kaufen: ____________________

Was wollte Frau Schmidt in der Apotheke kaufen: ____________________

4.20. Fehlende Rechenzeichen: Bitte setzen Sie in den folgenden Aufgaben die Rechenzeichen **:** (geteilt) oder **-** (minus) so ein, dass die Lösung am Ende stimmt.

32	4 = 8	50	5 = 10	66	6 = 60
32	4 = 28	52	4 = 13	68	4 = 64
35	5 = 7	50	5 = 45	70	5 = 65
35	5 = 30	52	4 = 48	72	4 = 68
36	4 = 9	54	6 = 9	72	6 = 66
36	4 = 32	55	5 = 11	70	5 = 14
36	6 = 6	54	6 = 48	72	4 = 18
36	6 = 30	55	5 = 50	72	6 = 12
40	4 = 10	56	4 = 14	12	4 = 3
40	4 = 36	60	4 = 15	16	4 = 4
40	5 = 8	56	4 = 52	12	4 = 8
40	5 = 35	60	4 = 56	16	4 = 12
42	6 = 7	60	5 = 12	20	4 = 16
42	6 = 36	60	6 = 10	24	4 = 20
44	4 = 11	60	5 = 55	28	4 = 24
44	4 = 40	60	6 = 54	28	4 = 7
45	5 = 9	64	4 = 16	15	5 = 3
45	5 = 40	65	5 = 13	*20*	*5* = 4
48	4 = 12	64	4 = 60	20	4 = 5
48	4 = 44	65	5 = 60	24	4 = 6
48	6 = 8	66	6 = 11	20	5 = 15
48	6 = 42	68	4 = 17	15	5 = 10

Was wollte Frau Schmidt einkaufen?

Im Buchladen: ______________________________

In der Apotheke: ______________________________

In der Drogerie: ______________________________

Im Tiermarkt: ______________________________

Im Elektromarkt: ______________________________

4.21. Worte ausdenken: Bitte schreiben Sie hier möglichst viele Worte hin, die mit dem Anfangsbuchstaben „S" anfangen (z.B. Schiene, Sabine, sinken, sanft, Sansibar,...):

Wie hieß die Frau, die einkaufen gehen will:____________________

Wovon will sie 10 Dinge kaufen: ____________________

Wovon möchte sie 5 Dinge kaufen:____________________

Wovon muss sie 3 Dinge kaufen:____________________

Wovon will sie 2 Dinge kaufen:____________________

Wovon muss sie 1 Ding kaufen:____________________

4.22. Textaufgaben: Bitte lösen Sie die folgenden Textaufgaben.

Wie viele Finger haben 5 Menschen? __________
Wie viele Beine haben 12 Tische? __________
Wie viele Beine haben zehn Kühe? __________
Wie viele Beine haben sechs Fliegen? __________
Wie viele Arme haben vier Tintenfische? __________
Wie viele Beine haben fünf Ameisen? __________
Wie viele Beine haben drei Spinnen? __________
Wie viele Beine haben elf Flamingos? __________
Wie viel Fuß- und Fingernägel hat ein Mensch? __________
Wie viele Augen haben 8 Hühner? __________
Wie viele Hufe haben drei Pferde? __________
Wie viele Füße haben 10 Sektgläser? __________
Wie viele Füße haben neun Schnecken? __________
Wie viele Beine haben 6 Schreibtisch-Drehstühle? __________
Wie viele Nasen haben drei Katzen? __________
Wie viele Beine haben 12 Schlangen? __________

Tipp: Tintenfische haben 8 Arme, Spinnen haben 8 Beine, Ameisen und Fliegen haben 6 Beine, Schnecken kriechen auf einem einzigen Fuß.

Was wollte Frau Schmidt einkaufen? Schreiben Sie hier alle Dinge hin, die Ihnen noch einfallen:

____

____

____

____

____

____

____

____

E N D E 4. TEIL

5. ÜBUNG: **Blondinen-Witz**

Bearbeiten Sie nun wie gewohnt die folgende Geschichte:

Eine Blondine, eine Brünette und eine Rothaarige waren auf einer einsamen Insel gestrandet. Eines Morgens fanden sie am Strand eine geheimnisvolle alte Kupferflasche. Als eines der drei Mädchen sie öffnete, entwich daraus ein Dschinn, ein Flaschengeist, und rief mit dröhnender Stimme: "*Da ihr mich befreit habt, hat jede von euch einen Wunsch frei.*"
Die Brünette sagte: "*Ganz klar! Ich will nach Hause.*" Und schwupps – schon war sie weg.
Die Rothaarige rief: "*Ich auch, nur schnell heim.*" Schwupps! Und weg war sie.
Die Blondine dachte lange über ihren Wunsch nach, schließlich meinte sie: "*Och... ohne die anderen ist es so langweilig hier. Ich wünschte, die beiden wären wieder da!*"

Bitte zeichnen Sie hier ein Bild von der Insel, dem Flaschengeist oder von den Mädchen:

Bitte beantworten Sie die folgenden Fragen zu dem Text:

Wie viele Mädchen waren es?

☐ 2 ☐ 3 ☐ 4

Wo waren die Mädchen?

☐ in New York
☐ auf einer einsamen Insel
☐ im Dschungel

Wo fanden sie die Flasche?

☐ in einer Höhle
☐ am Strand
☐ auf einem Berg

Was wünschen sich die ersten beiden Mädchen?

☐ eine Million Euro
☐ ewiges Leben
☐ wieder Zuhause zu sein

Wie fühlte sich die Blondine ohne die beiden anderen Mädchen?

☐ ihr war langweilig
☐ sie war froh ihre Ruhe zu haben
☐ sie bekam Angst

Wen trafen sie?

☐ einen Flaschengeist ☐ eine Fee ☐ einen Zauberer

5.1. Labyrinth: Finden Sie den Weg durch das Labyrinth?

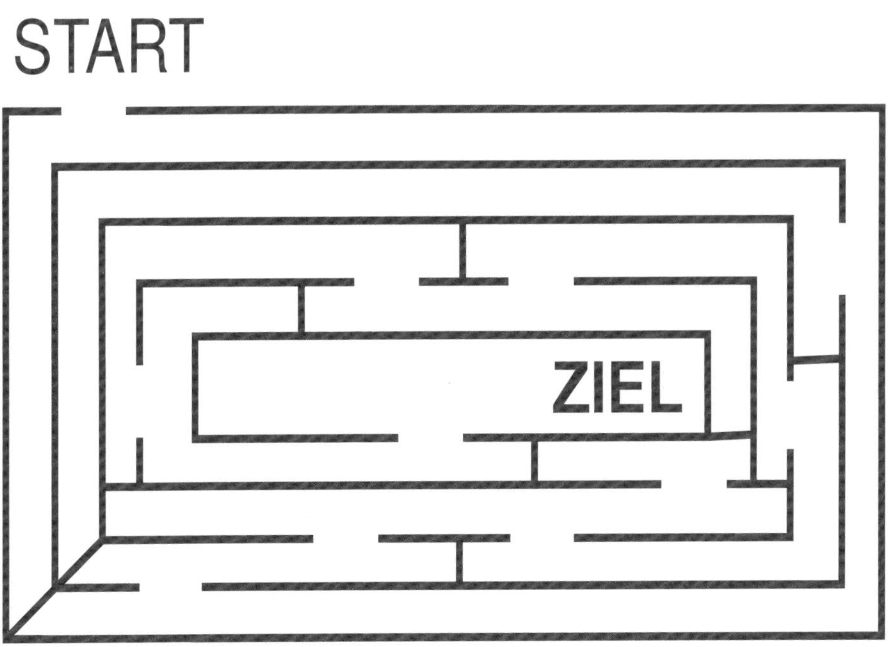

Erinnern Sie sich noch an den Blondinen-Witz?

Wie viele Mädchen waren es?
☐ 3 ☐ 4 ☐ 5

Wo waren die Mädchen?
☐ in New York
☐ auf einer einsamen Insel
☐ im Dschungel

Wo fanden sie die Flasche?
☐ in einer Höhle
☐ am Strand
☐ auf einem Berg

Wen trafen sie?
☐ einen Flaschengeist
☐ eine Fee
☐ einen Zauberer

Was wünschen sich die ersten beiden Mädchen?
☐ eine Million Euro
☐ ewiges Leben
☐ wieder Zuhause zu sein

Wie fühlte sich die Blondine ohne die beiden anderen Mädchen?
☐ ihr war langweilig
☐ sie war froh ihre Ruhe zu haben
☐ sie bekam Angst

5.2. Abzählen: Bitte zählen Sie alle Worte, die mit einem „B" beginnen und tragen Sie das Ergebnis für jede Zeile rechts ein.

BÄR AUGE BRAUN ZAUN BACH GRÜN BAUCH BEKLOPPT
ROT ALL BACKE UNI BAGGER BRAND MEIN BEUGEN IST
HAUS CHINA GRAD LADEN LAND JEDER BUDE BAD BUNT
BIS JAPAN LÖWE HOCH JUNG BISON VIEL ÖL SOGAR AM
RUND FALLEN GEHEN TIGER BENEHMEN ZUM FRÜHJAHR
ZUCKER MUND GIRAFFE CHEMIE KLUG WEIT LEER NEIN
PAKET GARTEN STUHL ZAHL BILD TORTE OFT TOMATE
ERNST WIEGE XYLOPHON GAR BEGINN BAYERN FLOH
BIS TIER HOF SINGEN VOGEL FINGER BLEI BRIEF FROST
BUS GENUG BASS YPSILON BIOLOGIE HAGER BULLAUGE
ARM SO BANGE BAUSTELLE BEGINN BURG BOGEN JA LOS
BALL LAGUNE BAUM HEINER BERND HUGO BUMERANG
BARBARA RAPS BRIGITTE RÜDIGER VERENA BIRTE SOG
SCHWEIN BERNHARD EKEL FURCHTBAR GRAUSAM BIN
ROM PARIS LONDON BUDAPEST WASHINGTON MOSKAU
TELEFON HEFT COMPUTER DRUCKER FEDERHALTER STIFT

Wie viele Mädchen waren es?
□ 2 □ 3 □ 4

Wo waren die Mädchen?
□ in New York
□ auf einer einsamen Insel
□ im Dschungel

Wo fanden sie die Flasche?
□ in einer Höhle
□ am Strand
□ auf einem Berg

Wen trafen sie?
□ einen Flaschengeist
□ eine Fee
□ einen Zauberer

Was wünschen sich die ersten beiden Mädchen?
□ eine Million Euro
□ ewiges Leben
□ wieder Zuhause zu sein

Wie fühlte sich die Blondine ohne die beiden anderen Mädchen?
□ ihr war langweilig
□ sie war froh ihre Ruhe zu haben
□ sie bekam Angst

5.3. Konzentration: Bitte übersetzen Sie die Uhrzeiten in Worte:

06:30 Uhr = Morgens halb Sieben.

08:15 Uhr = ____________________

10:45 Uhr = ____________________

12:00 Uhr = ____________________

13:20 Uhr = ____________________

14:00 Uhr = ____________________

19:30 Uhr = ____________________

22:15 Uhr = ____________________

24:00 Uhr = ____________________

04:30 Uhr = ____________________

07:40 Uhr = ____________________

09:35 Uhr = ____________________

16:16 Uhr = ____________________

17:40 Uhr = ____________________

Erinnern Sie sich noch an den Blondinen-Witz?

Wie viele Mädchen waren es?
☐ 3
☐ 4
☐ 5

Wo fanden sie die Flasche?
☐ auf einem Berg
☐ in einer Höhle
☐ am Strand

Wo waren die Mädchen?
☐ auf einer einsamen Insel
☐ im Dschungel
☐ in New York

Wen trafen sie?
☐ eine Fee
☐ einen Flaschengeist
☐ einen Zauberer

Was wünschen sich die ersten beiden Mädchen?
☐ wieder Zuhause zu sein
☐ eine Million Euro
☐ ewiges Leben

Wie fühlte sich die Blondine ohne die beiden anderen Mädchen?
☐ sie war froh ihre Ruhe zu haben
☐ sie bekam Angst
☐ ihr war langweilig

5.4. Zahlen als Text: Bitte schreiben Sie die folgenden Worte als Zahl:

Einhundertelf	
Zweitausendzweihundertzweiundzwanzig	
Dreiunddreißigtausenddreihundertdreiunddreißig	
Viertausendvierhundertvierundvierzig	
Fünfhundertfünfundfünfzig	
Sechstausendsechshundertsechsundsechzig	
Siebentausendsiebenhundertsiebenundsiebzig	
Achtundachtzigtausendachthundertachtundachtzig	
Neunhundertneunundneunzig	

5.5. Chinesisch-lernen: Bitte zeichnen Sie diese chinesischen Schriftzeichen ab und merken Sie sich ihre Bedeutung.

力 Kraft		虎 Tiger	

Wie viele Mädchen waren es?
□ 1
□ 2
□ 3

Wo waren die Mädchen?
□ auf einer einsamen Insel
□ im Dschungel
□ in New York

Wo fanden sie die Flasche?
□ auf einem Berg
□ in einer Höhle
□ am Strand

Wen trafen sie?
□ eine Fee
□ einen Flaschengeist
□ einen Zauberer

Was wünschen sich die ersten beiden Mädchen?
□ wieder Zuhause zu sein □ eine Million Euro □ ewiges Leben

Wie fühlte sich die Blondine ohne die beiden anderen Mädchen?
□ sie war froh ihre Ruhe zu haben
□ sie bekam Angst
□ ihr war langweilig

5.6. Leseverständnis: Sind die folgenden Aussagen wahr oder völliger Unsinn?

Die Sonne ist heißer als ein Ofen.	[ ] Wahr	[ ] Unsinn
Paris hat weniger Einwohner als Dummersdorf.	[ ] Wahr	[ ] Unsinn
Ein Nilpferd ist dicker als eine Schlange.	[ ] Wahr	[ ] Unsinn
Kohle ist heller als Zahnpasta.	[ ] Wahr	[ ] Unsinn
In der Disko ist es lauter als im Museum.	[ ] Wahr	[ ] Unsinn
Granit ist weicher als ein Kissen.	[ ] Wahr	[ ] Unsinn
Ein Professor ist klüger als ein Kleinkind.	[ ] Wahr	[ ] Unsinn
Fünfzig Cent sind mehr als zehn Euro.	[ ] Wahr	[ ] Unsinn
Ein Buch ist dicker als eine Tageszeitung.	[ ] Wahr	[ ] Unsinn
Eine Tageszeitung ist kleiner als ein Buch.	[ ] Wahr	[ ] Unsinn
Gelb ist heller als dunkelbraun.	[ ] Wahr	[ ] Unsinn
Watte ist härter als Stahl.	[ ] Wahr	[ ] Unsinn
Die Ostsee ist kleiner als der Atlantik.	[ ] Wahr	[ ] Unsinn
Ein Handy ist größer als ein Toaster.	[ ] Wahr	[ ] Unsinn
Im Kühlschrank ist es kälter als im Backofen.	[ ] Wahr	[ ] Unsinn
Eine Schnecke ist lauter als ein Rohrspatz	[ ] Wahr	[ ] Unsinn

Erinnern Sie sich noch an den Blondinen-Witz?

Wie viele Mädchen waren es?
- ☐ 3
- ☐ 4
- ☐ 5

Wo fanden sie die Flasche?
- ☐ auf einem Berg
- ☐ in einer Höhle
- ☐ am Strand

Wo waren die Mädchen?
- ☐ auf einer einsamen Insel
- ☐ im Dschungel
- ☐ in New York

Wen trafen sie?
- ☐ eine Fee
- ☐ einen Flaschengeist
- ☐ einen Zauberer

Was wünschen sich die ersten beiden Mädchen?
- ☐ wieder Zuhause zu sein
- ☐ eine Million Euro
- ☐ ewiges Leben

Wie fühlte sich die Blondine ohne die beiden anderen Mädchen?
- ☐ sie war froh ihre Ruhe zu haben
- ☐ sie bekam Angst
- ☐ ihr war langweilig

5.7. Freies Zeichnen: Bitte zeichnen Sie ein Haus in das freie Feld:

Wie viele Mädchen waren es?
☐ 1 ☐ 2 ☐ 3

Wo waren die Mädchen?
☐ im Dschungel
☐ in New York
☐ auf einer einsamen Insel

Was wünschen sich die ersten beiden Mädchen?
☐ eine Million Euro
☐ wieder Zuhause zu sein
☐ ewiges Leben

Wo fanden sie die Flasche?
☐ am Strand
☐ auf einem Berg
☐ in einer Höhle

Wen trafen sie?
☐ einen Flaschengeist
☐ einen Zauberer
☐ eine Fee

Wie fühlte sich die Blondine ohne die beiden anderen Mädchen?
☐ ihr war langweilig
☐ sie war froh ihre Ruhe zu haben
☐ sie bekam Angst

5.8. Fehlende Buchstaben: Welches Werkzeug ist gemeint? Bitte schreiben Sie den fehlenden Buchstaben vor das Wort.

___ange	___ammer	___eile
___äge	___elle	___ingschlüssel
___ohrmaschine	___acker	___pachtel
___chraubenzieher	___eiter	___lex
___eil	___chraubenschlüssel	___insel
___lechschere	___xt	___rechstange
___eißel	___olzenschneider	___arbroller
___chwingschleifer	___uast	___ohrhammer
___aulschlüssel	___nbusschlüssel	___uchsschwanz
___eppichmesser	___ummihammer	___chraubzwinge

Erinnern Sie sich noch an den Blondinen-Witz?

Wie viele Mädchen waren es?
□ 2 □ 3 □ 4

Wo waren die Mädchen?
□ auf einer einsamen Insel
□ im Dschungel
□ in New York

Wo fanden sie die Flasche?
□ auf einem Berg
□ in einer Höhle
□ am Strand

Wen trafen sie?
□ eine Fee
□ einen Flaschengeist
□ einen Zauberer

Was wünschen sich die ersten beiden Mädchen?
□ wieder Zuhause zu sein □ eine Million Euro □ ewiges Leben

Wie fühlte sich die Blondine ohne die beiden anderen Mädchen?
□ sie war froh ihre Ruhe zu haben
□ sie bekam Angst
□ ihr war langweilig

5.9. Fehler-finden: Bitte streichen Sie alle Rechtschreibfehler an.

Kappe	Sternschnuppe	Tromppete
schnattern	beratten	flattern
stramppeln	struppig	Knüppel
Pappe	Oppa	Strippe
nett	Wette	Leutte
Giraffe	bestraffen	Affe
schwerr	Karre	knarren
Wasser	Luftblasse	Kasse
hell	schnell	Quall
anfassen	Bessen	Taubnessel
Rübben	Krabben	Ebbe
knabbern	Weinrebbe	Schlabberlatz
Teddy	Paddel	Kreidde
schliddern	neiddisch	buddeln

Wie viele Mädchen waren es? ______________________

Wo waren die Mädchen? ______________________

Wo fanden sie die Flasche? ______________________

Wen trafen sie? ______________________

Was wünschen sich die ersten beiden Mädchen? ______________________

Wie fühlte sich die Blondine ohne die beiden anderen? ______________________

5.10. Logisches Denken: Welches Wort passt jeweils nicht in die Zeile zu den anderen?

- Tisch, Stuhl, Sessel, Sofa, Schrank, Eichhörnchen.
- Eiche, Birke, Kastanie, Linde, Schwein, Esche.
- Hund, Katze, Kuh, Schaf, Löwe, Ziege, Pferd.
- TV-Gerät, Radio, Strumpf, Computer, DVD-Player.
- Milch, Selters, Rum,Limonade, Tee, Kaffee, Cola.
- Unendlichkeit, Gewicht, Länge, Höhe, Breite, Umfang.
- Reden, hüpfen, sagen, sprechen, antworten, fragen.
- Biologie, Chemie, Treppe, Physik, Deutsch, Mathe.
- Traurig, froh, lustig, sauer, arbeiten, wütend, verärgert.
- Maurer, Zimmermann, Tischler, Fallschirm, Schuster.
- Pfeffer, Zimt, Muskat, Curry, Basilikum, Estragon, Apfel.
- Ampere, Watt, Ohm, Volt, Strom, Spannung, Kalorien.
- Birgit, Christa, Elfie, Tina, Karen, Frederike, Bernd, Ilse.
- Rose, Tulpe, Narzisse, Stiefmütterchen, Eiche.
- Silber, Gold, Kupfer, Eisen, Platin, Perlen, Messing.
- Lesen, laufen, springen, artig, rechnen, grüßen, reden.
- Leopard, Puma, Adler, Löwe, Tiger, Panther, Katze.
- Mörder, Polizist, Dieb, Räuber, Ganove, Betrüger.
- Himmel, Schnee, Hagel, Regen, Gewitter, Sturm.
- Pistole, Messer, Kanone, Gewehr, Flinte, Colt, Panzerfaust.

Erinnern Sie sich noch an den Blondinen-Witz?

Wie viele Mädchen waren es? ____________________

Wo waren die Mädchen? ____________________

Wo fanden sie die Flasche? ____________________

Wen trafen sie? ____________________

Was wünschen sich die ersten beiden Mädchen? ____________________

Wie fühlte sich die Blondine ohne die beiden anderen? ____________________

5.11. Rechtschreibung: Bitte setzen Sie die Endungen –g oder –ch bei den folgenden Adjektiven ein. Bei Problemen hilft es das Wort zu verlängern: tüchtig oder tüchtig = der tüchtige Mann.

tüchti____	brummi____	peinli____
süchti____	öli____	reinli____
molli____	kräfti____	stündli____
trauri____	welli____	herrli____
würdi____	schneidi____	trani____
künstli____	schriftli____	gieri____
reichli____	lächerli____	eifri____
schreckli____	herzli____	einmali____
freundli____	tröstli____	zweiteili____
glückli____	sträfli____	schläfri____
feierli____	gründli____	eili____
menschli____	mündli____	heili____
unersättli____	ärmli____	geselli____
fröhli____	nützli____	frosti____

Wie viele Mädchen waren es? ___________________________

Wo waren die Mädchen? ___________________________

Wo fanden sie die Flasche? ___________________________

Wen trafen sie? ___________________________

Was wünschen sich die ersten beiden Mädchen? ________________

Wie fühlte sich die Blondine ohne die beiden anderen? ____________

5.12. Sprüche ergänzen: Wie enden die folgenden Redewendungen?

1. Sich in die Höhle	von unten betrachten.	P
2. Sich die Radieschen	des Löwen begeben.	S
3. Sich die Zähne	zu Bett gehen.	Ü
4. Mit den Hühnern	mit der Kneifzange anziehen.	C
5. Sich die Hose	sollte nicht mit Steinen werfen.	H
6. Wer im Glashaus sitzt,	an etwas ausbeißen.	R
7. Man soll das Fell des Bären nicht verteilen,	lass kein Ehrenamt dir geben.	L
8. Einem geschenkten Gaul	bevor man ihn erlegt hat.	E
9. Willst du ohne Sorgen leben,	schaut man nicht ins Maul.	K
10. Was du heute kannst besorgen,	als in die hohle Hand geschissen.	P
11. Das ist immer noch besser	das verschiebe nicht auf morgen.	O
12. Jemanden die Sterne	wo der Pfeffer wächst.	E
13. Jemanden dort hinschicken,	vom Himmel holen.	F
14. Spinne am Morgen	muss man in den Beinen haben.	S
15. Was man nicht im Kopf hat,	so das Gescherr.	L
16. Besser ein Onkel, der Gutes mitbringt,	als eine Tante, die bloß Klavier spielt.	C
17. Was Hänschen nicht lernt,	bringt Kummer und Sorgen.	R
18. Der dümmste Bauer	erntet die dicksten Kartoffeln.	U
19. Wie der Herr	kommt er gerennt.	E
20. Wenn man den Esel nennt,	lernt Hans nimmer mehr.	H

Wenn Sie hier die Buchstaben aus der letzten Spalte korrekt eintragen, können Sie anhand des Lösungswortes prüfen, ob Ihre Zuordnung stimmt.

1	2	3	4	5	6	7	8	9	10	11	12	13	14	15	16	17	18	19	20
S																			

Erinnern Sie sich noch an den Blondinen-Witz?

Wie viele Mädchen waren es? ______________________________

Wo waren die Mädchen? ______________________________

Wo fanden sie die Flasche? ______________________________

Wen trafen sie? ______________________________

Was wünschen sich die ersten beiden Mädchen? ________________

Wie fühlte sich die Blondine ohne die beiden anderen? ____________

5.13. Rechnen: Bitte rechnen Sie die folgenden Aufgaben aus:

18 : 9 =	9 : 3 =	48 : 12 =
21 : 7 =	24 : 6 =	65 : 13 =
20 : 5 =	55 : 11 =	84 : 14 =
30 : 6 =	72 : 12 =	112 : 16 =
42 : 7 =	91 : 13 =	120 : 15 =
49 : 7 =	64 : 8 =	153 : 17 =
48 : 6 =	81 : 9 =	104 : 13 =
72 : 8 =	112 : 14 =	84 : 12 =
56 : 7 =	105 : 15 =	90 : 15 =
35 : 5 =	96 : 16 =	70 : 14 =
24 : 4 =	85 : 17 =	76 : 19 =
50 : 10 =	72 : 18 =	51 : 17 =
36 : 9 =	57 : 19 =	32 : 16 =
24 : 8 =	40 : 20 =	54 : 18 =
12 : 6 =	33 : 11 =	80 : 20 =

Wie viele Mädchen waren es? ______________________________

Wo waren die Mädchen? ______________________________

Wo fanden sie die Flasche? ______________________________

Wen trafen sie? ______________________________

Was wünschen sich die ersten beiden Mädchen? ________________

Wie fühlte sich die Blondine ohne die beiden anderen? ____________

5.14. Worte schreiben: Bitte bilden Sie ein Wort aus dem folgenden Buchstabensalat. Damit es nicht zu schwer wird, ist der Anfangsbuchstabe des gesuchten Wortes fett gesetzt worden.

A U E R **M** = *Mauer*
O N N E **S** = __________
A G N T S = __________
E **W** O C H = __________
E I F **T** E = __________
R **A** D E L = __________
P I E **S** L = __________
L E **W** E L = __________
R E **B** T T = __________
K A C E **J** = __________
L A **G** E B = __________
R E **T** I G = __________
P O R T **S** = __________
M E U **B** L = __________
F E I **H** L = __________
D R E **P** F = __________

E **R** E I S = __________
J E N G U = __________
V U **K** R E = __________
F E **B** U R = __________
P E S U A = __________
R E T A **V** = __________
D E N B **A** = __________
T A **N** C H = __________
E I N **S** T = __________
S R U T Z = __________
L U H **S** T = __________
F E I **B** R = __________
A R T T **S** = __________
H **S** U C H = __________
C H I E **T** = __________
E P L **T** U = __________

Erinnern Sie sich noch an den Blondinen-Witz?

Wie viele Mädchen waren es? ______________________________

Wo waren die Mädchen? ______________________________

Wo fanden sie die Flasche? ______________________________

Wen trafen sie? ______________________________

Was wünschen sich die ersten beiden Mädchen? ____________________

Wie fühlte sich die Blondine ohne die beiden anderen? ______________

5.15. Abzeichnen: Bitte zeichnen Sie die Grafik möglichst genau ab.

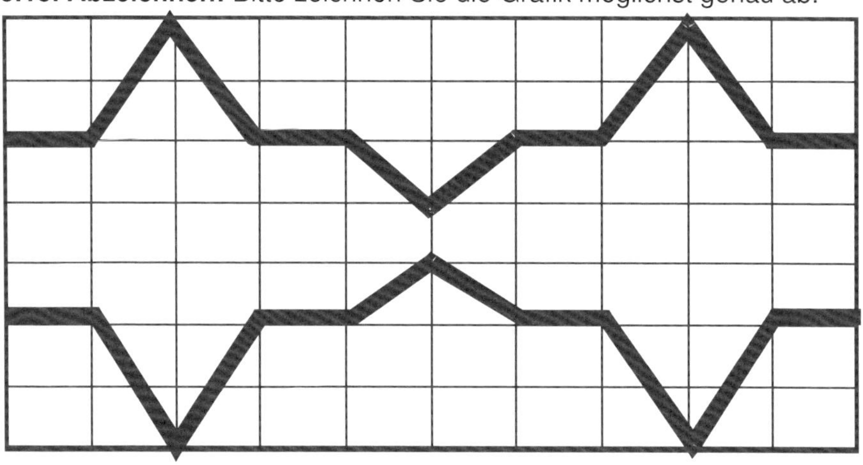

Wie viele Mädchen waren es? ______________________________

Wo waren die Mädchen? ______________________________

Wo fanden sie die Flasche? ______________________________

Wen trafen sie? ______________________________

Was wünschen sich die ersten beiden Mädchen? ________________

Wie fühlte sich die Blondine ohne die beiden anderen? ____________

5.16. Geheimcode: Was verspricht das Orakel aus dem chinesischen Glückskeks Ihnen heute? Jede Zahl entspricht einem Buchstaben im Alphabet. Bitte übersetzen Sie den Geheimcode.

1 = A
2 = B
3 = C
4 = D
5 = E
6 = F
7 = G
8 = H
9 = I
10 = J

11 = K
12 = L
13 = M
14 = N
15 = O
16 = P
17 = Q
18 = R
19 = S
20 = T

21 = U
22 = V
23 = W
24 = X
25 = Y
26 = Z
27 = Ä
28 = Ö
29 = Ü.

8	5	2	20

13	1	14

4	5	14

2	12	9	3	11

,

4	1	14	14

19	9	5	8	20

13	1	14

11	5	9	14	5

7	18	5	14	26	5	14

13	5	8	18

.

Wie viele Mädchen waren in dem Blondinen-Witz am Anfang? ______

Wo waren die Mädchen? ______________________________

Wo fanden sie die Flasche? ______________________________

Wen trafen sie? ______________________________

Was wünschen sich die ersten beiden Mädchen? ______________

Wie fühlte sich die Blondine ohne die beiden anderen? ___________

5.17. Satz ergänzen: Bitte vervollständigen Sie die Satzanfänge.

Die Schwimmhalle war geschlossen, weil ____________________

____.

Die Kinder kreischten ______________________________

____.

Jens Petersen war stolz als ______________________________

____.

Fast kam es zum Unfall, weil ____________________________

____.

Jasmin gefiel nicht, dass ______________________________

____.

Grit Schmidt staunte nicht schlecht, denn ___________________

____.

Am Strand war es ______________________________

____.

Das neue Fahrrad hatte ______________________________

Wie viele Mädchen waren in dem Blondinen-Witz am Anfang? ______

Wo waren die Mädchen? ______________________________

Wo fanden sie die Flasche? ______________________________

Wen trafen sie? ______________________________

Was wünschen sich die ersten beiden Mädchen? ______________

Wie fühlte sich die Blondine ohne die beiden anderen? __________

5.18. Altgedächtnis: Was waren Ihrer Ansicht nach die wichtigsten Erfindungen, technischen Fortschritte und Entwicklungen von neuen Geräten in den letzten 100 Jahren? Schreiben Sie möglichst viele davon hier auf:

____

____

____

____

____

____

____

5.19 Chinesisch-lernen: Energie, Familie, Feuer, Frühling, Kraft, Mut, Mutter, Sommer, Tiger und Wasser. Was bedeuteten diese zehn Zeichen? (Lösung siehe S. 230).

Wie viele Mädchen waren in dem Blondinen-Witz am Anfang? ____________

Wo waren die Mädchen? ____________________________________

Wo fanden sie die Flasche? ______________________________

Wen trafen sie? ____

Was wünschen sich die ersten beiden Mädchen? ________________

Wie fühlte sich die Blondine ohne die beiden anderen? __________

5.20. Fehlende Rechenzeichen: Bitte setzen Sie in den folgenden Aufgaben die Rechenzeichen + (plus) oder – (minus) so ein, dass die Lösung am Ende stimmt.

55 + 3 = 58
55 - 3 = 52
72 4 = 76
88 6 = 82
61 2 = 63
57 4 = 53
45 4 = 49
48 6 = 42
67 2 = 69
38 3 = 35
32 5 = 37
46 6 = 40
30 5 = 35
70 3 = 67
95 4 = 99
74 6 = 68
33 7 = 40
65 8 = 57
87 5 = 92
43 9 = 34
34 23 = 57
27 15 = 12

49 42 = 91
59 31 = 90
37 42 = 79
44 21 = 63
63 29 = 92
72 27 = 99
34 42 = 76
29 55 = 84
11 66 = 77
34 23 = 11
27 15 = 12
49 42 = 7
59 31 = 28
42 37 = 5
44 21 = 65
63 29 = 34
72 27 = 45
54 42 = 12
55 29 = 26
82 27 = 55
47 11 = 36
61 39 = 22

62 27 = 89
47 11 = 58
41 39 = 80
58 18 = 40
42 31 = 11
89 35 = 54
58 18 = 76
42 31 = 73
59 35 = 94
22 19 = 3
56 32 = 24
26 13 = 13
22 19 = 41
56 32 = 88
26 13 = 39
78 22 = 56
52 42 = 10
33 21 = 12
77 22 = 99
52 42 = 94
33 21 = 54

Wie viele Mädchen waren in dem Blondinen-Witz am Anfang? ______

Wo waren die Mädchen? ____________________________________

Wo fanden sie die Flasche? ________________________________

Wen trafen sie? ____

Was wünschen sich die ersten beiden Mädchen? ________________

Wie fühlte sich die Blondine ohne die beiden anderen? __________

5.21. Worte ausdenken: Bitte schreiben Sie hier möglichst viele Worte mit dem Anfangsbuchstaben „E“ hin (z.B. Esel, Erich, Ems, eilig, erfrieren, ...).

Wie viele Mädchen waren in dem Blondinen-Witz am Anfang? ______

Wo waren die Mädchen? ______

Wo fanden sie die Flasche? ______

Wen trafen sie? ______

Was wünschen sich die ersten beiden Mädchen? ______

Wie fühlte sich die Blondine ohne die beiden anderen? ______

5.22. Textaufgaben: Bitte lösen Sie die folgenden Textaufgaben.

Meine Zahl ist um 3 kleiner als 10. ______
Meine Zahl ist halb so groß wie 28. ______
Wenn man von meiner Zahl 10 wegnimmt, dann bleiben 11. ______
Wenn man meine Zahl durch 7 teilt, so erhält man 4. ______
Meine Zahl ist um 15 kleiner als 50. ______
Zählt man zu meiner Zahl 8 hinzu, dann sind es 50. ______
Nimmt man von meiner Zahl 39 weg, dann erhält man 10. ______
Meine Zahl ist um 44 kleiner als 100. ______
Meine Zahl ist die Hälfte von 126. ______
Meine Zahl ist zweimal so groß wie 35. ______
Meine Zahl ist um 3 kleiner als 80. ______
Meine Zahl ist das Dreifache von 59. ______
Meine Zahl ist die Hälfte von 554. ______
Zieht man von meiner Zahl 300 ab, so erhält man 77. ______
Meine Zahl ist das 159fache von Drei. ______
Zieht man 423 von 1.000 ab, so erhält man meine Zahl. ______
Wie groß ist der Unterschied von 999 und 322 ? ______
Welche Zahl ist halb so groß wie 1.554 ? ______
Mein Zahl erhält man, wenn man 123 von 1.000 abzieht. ______
Meine Zahl ist um drei kleiner als Tausend. ______
Teilen Sie das Doppelte von 7.000 durch 2 ! ______
Meine Zahl ist um 7 größer als das Tausendfache von 7. ______
Was ergibt 1.011 mal 7 ? ______
Vermehren Sie 5.555 um 2.222 ! ______
Wie groß ist die Hälfte von 140.000 ? ______
Zählen Sie zum Doppelten von 35.000 noch 7.000 dazu ! ______
Was ergibt 100.000 minus 22.223 ? ______

Bitte schreiben Sie hier noch einmal den Witz von den drei Mädchen hin, die auf einer einsamen Insel gestrandet waren.

E N D E 5. TEIL

6. ÜBUNG:
Schule schwänzen bringt Pech!

Bitte lesen Sie wie bei den bisherigen Übungen den Text wieder intensiv durch und bearbeiten Sie ihn durch Markieren der wichtigen Textteile. Stellen Sie sich das Geschehen gedanklich vor und versuchen Sie dann Fragen zu dem Text zu formulieren.

Ein echter Pechvogel! Am Freitag, den 13.12. gegen 11:00 Uhr erlitt der 10-jährige Schüler Ulf Vogel einen Unfall. Er schwänzte eine Mathematik-Klassenarbeit und trieb sich stattdessen im nahegelegenen Stadtpark herum. Bei dem Versuch, auf der vereisten Lehne einer Parkbank zu balancieren, rutschte er ab und brach sich den Unterarm.

Bitte zeichnen Sie hier ein Bild von Ulf Vogel mit dem gebrochenen Arm:

Bitte ankreuzen:

Wann geschah der Unfall:
- ☐ Montag, 1. Apr. gegen 23:00
- ☐ Mittwoch, 3. Okt. gegen 06:30
- ☐ Freitag, 13. Dez. gegen 11:00

Wem passierte der Unfall:
- ☐ 10-jährigem Schüler Ulf Vogel
- ☐ 3-jährigem Mädchen Annabella
- ☐ 70-jähr. Rentner Erwin Runzelig

Welche Klassenarbeit schwänzte er?
- ☐ Erdkunde
- ☐ Mathematik
- ☐ Physik

Wo trieb er sich herum:
- ☐ im Stadtpark
- ☐ im Kaufhaus
- ☐ auf dem Spielplatz

Wie passierte der Unfall:
- ☐ er fiel von einem Baum
- ☐ er rutschte von der Parkbank
- ☐ er lief vor Fahrradfahrer

Was brach sich der Schüler:
- ☐ die Nase
- ☐ eine Rippe
- ☐ ein Bein
- ☐ den Arm

6.1. Labyrinth: Bitte suchen Sie einen Weg durch folgendes Labyrinth:

START

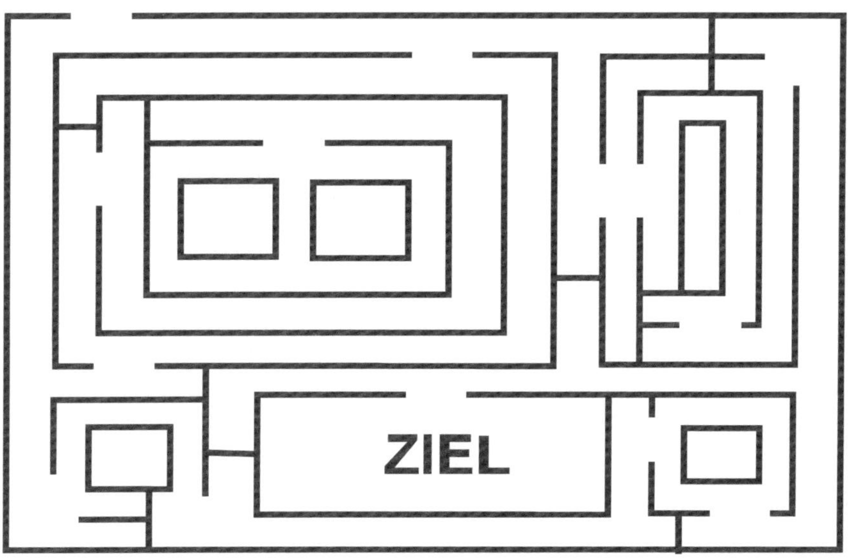

Was wurde in dem Artikel am Anfang dieser Übung beschrieben? Bitte ankreuzen:

Wann geschah der Unfall:
- ☐ Freitag, 13. Dez. gegen 11:00
- ☐ Montag, 1. Apr. gegen 23:00
- ☐ Mittwoch, 3. Okt. gegen 06:30

Wem passierte der Unfall:
- ☐ 70-jähr. Rentner Erwin Runzelig
- ☐ 10-jährigem Schüler Ulf Vogel
- ☐ 3-jährigem Mädchen Annabella

Welche Klassenarbeit schwänzte er?
- ☐ Mathematik
- ☐ Physik
- ☐ Erdkunde

Wo trieb er sich herum:
- ☐ im Stadtpark
- ☐ im Kaufhaus
- ☐ auf dem Spielplatz

Wie passierte der Unfall:
- ☐ er fiel von einem Baum
- ☐ er rutschte von der Parkbank
- ☐ er lief vor Fahrradfahrer

Was brach sich der Schüler:
- ☐ ein Bein
- ☐ den Arm
- ☐ die Nase
- ☐ eine Rippe

6.2. Abzählen: Bitte zählen Sie alle Tiere und tragen Sie das Ergebnis pro Zeile rechts ein. In welchen Zeilen ist eine andere Anzahl als sonst?

Moped Maus Haus Biber Schnecke Käfer Hose Auto
Hund Giraffe Küken Tisch Stuhl Heft Stift Reh Milch
Bild Krokodil Handy Wurm Gans Ufer Gas Hirsch Hut
Aktenordner Schmetterling Ameise Affe Nilpferd Brille
Feld Bauer Traktor Nashorn Löwe Elefant Antilope
Adler Mikroskop Buch Geier Flunder Bier Wildschwein
Telefon Tür Gorilla Goldfisch Katze Nase Mund Bär
Bank Brause Bonbon Spinne Fliege Mücke Biene
Schimpanse Geige Mut Bleistift Hummel Floh Ente
Schiff Hai Schrank Schaf Mantel Ziege Schuhe Kuh
Papierkorb Papagei Panda Primel Pudel Pferd Pfeife
Ziege Zucker Zimt Zebra Tiger Treibholz Truthahn
Qualle Qualm Schwein Schwan Storch Stab Stelze
Uhu Uhr Veilchen Flasche Fasan Fledermaus Kitz
Raps Rentier Rübe Rüpel Ratte Schlange Maulwurf
Butt Bart Flunder Fehler Falke Finger Hausrat Ast
Ruhe Hammer Meerschweinchen Wellensittich Kolben
Bratpfanne Katze Licht Ewigkeit Ferne Hut Eis Mist

Wann geschah der Unfall:
- ☐ Montag, 1. Apr. gegen 23:00
- ☐ Mittwoch, 3. Okt. gegen 06:30
- ☐ Freitag, 13. Dez. gegen 11:00

Wem passierte der Unfall:
- ☐ 10-jährigem Schüler Ulf Vogel
- ☐ 3-jährigem Mädchen Annabella
- ☐ 70-jähr. Rentner Erwin Runzelig

Welche Klassenarbeit schwänzte er?
- ☐ Erdkunde
- ☐ Mathematik
- ☐ Physik

Wo trieb er sich herum:
- ☐ im Stadtpark
- ☐ im Kaufhaus
- ☐ auf dem Spielplatz

Wie passierte der Unfall:
- ☐ er fiel von einem Baum
- ☐ er rutschte von der Parkbank
- ☐ er lief vor Fahrradfahrer

Was brach sich der Schüler:
- ☐ die Nase
- ☐ eine Rippe
- ☐ ein Bein
- ☐ den Arm

6.3. Konzentration: Bitte vergleichen Sie die rechte und die linke Spalte, streichen Sie alle Zeichen durch, die in der Abschrift nicht identisch sind und tragen Sie die Anzahl der Fehler in der rechten Spalte ein:

ORIGINAL	ABSCHRIFT	
K O P R A P P A P F I	K O P R A P P A P E I	
F I F G E B P O P R A	E I F G E B P O B R A	
V E G H I L G A F D O	F E G H I L G A V D U	
M U N D I F G U R U	N U M D I E G U R O	
K A T B U N G E R O	K A T P O N K E P U	
N U Q I K I F A N O L	M U Q I K I E A M U L	
T U R D O S K I L P E	D U R D O S K I L B F	
B L O V U M E N I D E	B L O F U N E N I D E	
Q A L I G E M U N E	Q A L I G E M U N F	
D O R A M U N I D A	D O R A M U N I D A	
B E Z I R N A B O Z U	B E Z I R N A B U Z U	
A M A G U N I L O F E	A M A G U N I L O E F	
L I R A L O R D U M M	L I B A L O B D O M M	

Was wurde in dem Artikel am Anfang dieser Übung beschrieben?

Wann geschah der Unfall:
- ☐ Mittwoch, 3. Okt. gegen 06:30
- ☐ Freitag, 13. Dez. gegen 11:00
- ☐ Montag, 1. Apr. gegen 23:00

Wo trieb er sich herum:
- ☐ auf dem Spielplatz
- ☐ im Stadtpark
- ☐ im Kaufhaus

Wem passierte der Unfall:
- ☐ 3-jährigem Mädchen Annabella
- ☐ 70-jähr. Rentner Erwin Runzelig
- ☐ 10-jährigem Schüler Ulf Vogel

Wie passierte der Unfall:
- ☐ er fiel von einem Baum
- ☐ er rutschte von einer Parkbank
- ☐ er lief vor Fahrradfahrer

Welche Klassenarbeit schwänzte er?
- ☐ Physik
- ☐ Erdkunde
- ☐ Mathematik

Was brach sich der Schüler:
- ☐ die Nase
- ☐ den Arm
- ☐ eine Rippe
- ☐ ein Bein

6.4. Zahlen als Text: Bitte schreiben Sie die folgenden Worte als Zahl:

Zweihundertsechsundvierzig	
Dreihundertneunundsechzig	
Vierhundertachtundachtzig	
Sechshundertachtundsiebzig	
Siebenhundertundsieben	
Achthundertvierundsechzig	
Achthundertachtundachtzig	
Zweihundertzwölf	
Einhunderteinundzwanzig	
Vierhundertvierundvierzig	
Welche Ziffer (0 bis 9) kommt In diesen Lösungen nie vor?	

Wann geschah der Unfall:
- ☐ Freitag, 13. Dez. ca. 9:00
- ☐ Freitag, 13. Dez. ca. 11:00
- ☐ Freitag, 13. Dez. ca. 13:00

Wie alt war der Schüler Ulf Vogel:
- ☐ 10-jährig
- ☐ 12-jährig
- ☐ 14-jährig

Welche Klassenarbeit schwänzte der Schüler:
- ☐ Mathematik
- ☐ Deutsch
- ☐ Musik

Wo trieb er sich herum:
- ☐ im Stadtpark
- ☐ im Stadtzentrum
- ☐ im Wald

Wo balancierte der Schüler:
- ☐ auf der Lehne der Parkbank
- ☐ auf der Sitzfläche der Parkbank
- ☐ auf dem Rücken der Parkbank

Was brach sich der Schüler:
- ☐ Oberarm
- ☐ Unterarm
- ☐ Hand
- ☐ Schulter

6.5. Leseverständnis: Sind die folgenden Aussagen wahr?

Paris ist die Hauptstadt von Italien.	[ ] Wahr	[ ] Unsinn
Der Amazonas fließt durch Australien.	[ ] Wahr	[ ] Unsinn
Madrid ist die Hauptstadt der Schweiz.	[ ] Wahr	[ ] Unsinn
Nigeria liegt in Nordamerika.	[ ] Wahr	[ ] Unsinn
Die Elbe fließt durch Hamburg.	[ ] Wahr	[ ] Unsinn
Prag ist die Hauptstadt der Tschechei.	[ ] Wahr	[ ] Unsinn
Die Sahara liegt in Afrika.	[ ] Wahr	[ ] Unsinn
Sizilien liegt im Mittelmeer.	[ ] Wahr	[ ] Unsinn
New York ist die Hauptstadt von Mexiko.	[ ] Wahr	[ ] Unsinn
Hongkong liegt in Bayern.	[ ] Wahr	[ ] Unsinn
Kuba liegt in der Ostsee.	[ ] Wahr	[ ] Unsinn
Kairo ist die Hauptstadt von Polen.	[ ] Wahr	[ ] Unsinn
Rom ist die Hauptstadt von Italien.	[ ] Wahr	[ ] Unsinn
Die Alpen sind ein Gebirge.	[ ] Wahr	[ ] Unsinn
Die Moldau ist ein Fluss.	[ ] Wahr	[ ] Unsinn

Was wurde am Anfang dieser Übung über Ulf Vogel geschrieben?

Wann geschah der Unfall:
- ☐ Freitag, 13. Dez. ca. 9:00
- ☐ Freitag, 13. Dez. ca. 11:00
- ☐ Freitag, 13. Dez. ca. 13:00

Wie alt war der Schüler Ulf Vogel:
- ☐ 10-jährig
- ☐ 12-jährig
- ☐ 14-jährig

Welche Klassenarbeit schwänzte der Schüler:
- ☐ Mathematik
- ☐ Deutsch
- ☐ Musik

Wo trieb er sich herum:
- ☐ im Stadtpark
- ☐ im Stadtzentrum
- ☐ im Wald

Wo balancierte der Schüler:
- ☐ auf der Lehne der Parkbank
- ☐ auf der Sitzfläche der Parkbank
- ☐ auf dem Rücken der Parkbank

Was brach sich der Schüler:
- ☐ Oberarm
- ☐ Unterarm
- ☐ Hand
- ☐ Schulter

6.6. Freies Zeichnen: Bitte zeichnen Sie ein Schiff in das freie Feld:

Wann geschah der Unfall:
- ☐ Freitag, 13. Dez. ca. 9:00
- ☐ Freitag, 13. Dez. ca. 11:00
- ☐ Freitag, 13. Dez. ca. 13:00

Wo trieb er sich herum:
- ☐ im Stadtpark
- ☐ im Stadtzentrum
- ☐ im Wald

Wie alt war der Schüler Ulf Vogel:
- ☐ 10-jährig
- ☐ 12-jährig
- ☐ 14-jährig

Wo balancierte der Schüler:
- ☐ auf der Lehne der Parkbank
- ☐ auf der Sitzfläche der Parkbank
- ☐ auf dem Rücken der Parkbank

Welche Klassenarbeit schwänzte der Schüler:
- ☐ Mathematik
- ☐ Deutsch
- ☐ Musik

Was brach sich der Schüler:
- ☐ Oberarm
- ☐ Unterarm
- ☐ Hand
- ☐ Schulter

6.7. Chinesisch-lernen: Bitte zeichnen Sie diese chinesischen Schriftzeichen ab und merken Sie sich ihre Bedeutung.

美 Schönheit		缘 Schicksal	

6.8. Fehlende Buchstaben: Welcher Vorname ist gemeint? Bitte schreiben Sie den fehlenden Buchstaben vor das Wort.

___homas	___imon	___nna
___im	___aniel	___eonie
___iklas	___ukas	___arah
___elix	___rik	___ophie
___hilipp	___obias	___nnika
___ulian	___ascal	___atharina
___oritz	___arcel	___ohanna
___lexander	___enry	___rederike
___evin	___onstantin	___ranziska
___endrik	___skar	___anina
___lorian	___abian	___atja

Wann geschah der Unfall, der in dem Text am Anfang der Übung stand?

Freitag, der ________________ um _______ Uhr

Wem passierte der Unfall?

Dem ______-jährigen Schüler Ulf ______________

Welche Klassenarbeit schwänzte der Schüler?

M____________________

Wo trieb er sich herum?

Im St__________________

Wie passierte der Unfall?

Der Schüler balancierte auf ____________________

Was brach sich der Schüler?

Den ___________________

6.9. Fehler-finden: Finden Sie die vier Rechenfehler?

3 + 5 + 2 = 10	47 + 45 + 28 = 120
8 + 8 + 4 = 20	55 + 62 + 13 = 130
9 + 8 + 13 = 30	28 + 39 + 73 = 140
17 + 12 + 11 = 40	61 + 48 + 41 = 150
13 + 21 + 16 = 50	75 + 73 + 12 = 160
24 + 16 + 20 = 60	82 + 67 + 21= 170
28 + 20 + 22 = 70	42 + 39 + 99 = 180
45 + 20 + 15 = 80	83 + 71 + 36= 190
33 + 22 + 25 = 90	45 + 62 + 83 = 200
27 + 38 + 45 = 100	67 + 75 + 58= 210
42 + 56 + 12 = 110	93 + 85 + 42= 220

Wann geschah der Unfall: Freitag, der ______________ um _____Uhr

Wem passierte der Unfall: Dem ____-jährigen Schüler Ulf __________

Welche Klassenarbeit schwänzte der Schüler: M___________________

Wo trieb er sich herum: Im St________________________________

Wie passierte der Unfall: Er balancierte auf ______________________

Was brach sich der Schüler: Den ______________________________

6.10. Logisches Denken: In jeder Zeile ist ein Zeichen spiegelverkehrt.

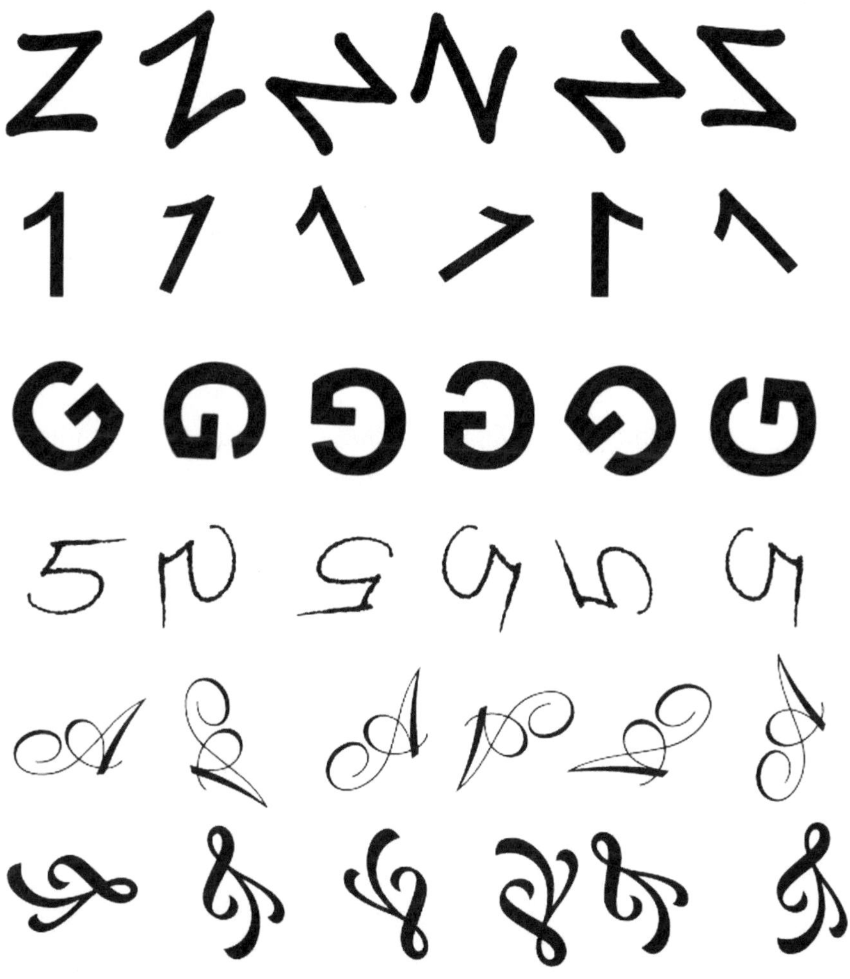

Wann geschah der Unfall, der in dem Text am Anfang der Übung stand?

____

Wem passierte der Unfall: ____________________________

Welche Klassenarbeit schwänzte der Schüler: ________________

Wo trieb er sich herum: ____________________________

Wie passierte der Unfall: ____________________________

Was brach sich der Schüler: ____________________________

6.11. Rechtschreibung: Bitte setzen Sie die jeweils über den Spalten stehenden Buchstaben in die folgenden Worte ein.

V- oder F- ?	V- oder W- ?	F- oder Pf- ?
Der ____ogel	Die ____este	Der ____eil
Das ____eilchen	Der ____ulkan	Die ____eife
Der ____ater	Die La____a	Die ____laume
Der ____orhang	die ____ase	Das ____erd
Der ____erband	Die ____olke	Die ____anne
Das ____ieh	Der ____entilator	Der ____lug
Der ____erein	Die Mö____e	Das ____laster
Das ____erkel	Die ____illa	Der ____au
Das ____utter	Der Lö____e	Der ____ennig
Die ____orke	Der Ad____ent	Die ____ütze
Das ____ernglas	Das Ge____ehr	Der ____osten
Der ____ebruar	Die Lokomoti____e	Der ____effer
Die ____amilie	Die ____alnuss	Die ____lege

Wann geschah der Unfall: ______________________________

Wem passierte der Unfall: ______________________________

Welche Klassenarbeit schwänzte der Schüler: ________________

Wo trieb er sich herum: ______________________________

Wie passierte der Unfall: ______________________________

Was brach sich der Schüler: ______________________________

6.12. Sprüche ergänzen: Wie endet die folgende Redewendung?

1.	Das Gute, dieser Satz steh fest,	gehört schon zum Establishment.	E
2.	Wer zweimal mit dem selben pennt,	ist stets das Böse was man lässt.	R
3.	Mit Geduld und Spucke	vom Himmel gefallen.	E
4.	Es ist noch kein Meister	fängt man manche Mucke.	D
5.	Man reicht ihm den kleinen Finger	wollen, aber das Bein nicht heben können.	G
6.	Aussehen wie die Gans,	geht er aufs Eis tanzen.	D
7.	Erstens kommt es anders,	und er nimmt die ganze Hand.	W
8.	Wenn es dem Esel zu wohl ist,	zweitens als man denkt.	N
9.	Die Axt im Hause	erspart den Zimmermann.	U
10.	Ein Gläschen in Ehren	kann niemand verwehren.	N
11.	Mit den großen Hunden pissen	bevor man sie aufteilt.	V
12.	Man soll die Äpfel erst zählen,	zum bösen Spiel machen.	R
13.	Ene mene muh	Brunnen, bis er bricht.	D
14.	Eine gute Miene	wenn es donnert	E
15.	Der Krug geht so lange zum	und raus bist du.	E
16.	Wes Brot ich ess',	die Bürgersteige hochgeklappt.	E
17.	Dabei wirst du dir keinen	vom Brot nehmen.	R
18.	Da waren die Augen wohl	des Lied ich sing.	R
19.	Da werden abends	Zacken aus der Krone brechen.	E
20.	Jemanden die Butter	größer als der Magen.	H

Wenn Sie hier die Buchstaben aus der letzten Spalte korrekt eintragen, können Sie anhand des Lösungswortes prüfen, ob Ihre Zuordnung stimmt.

1	2	3	4	5	6	7	8	9	10	11	12	13	14	15	16	17	18	19	20

Wann geschah der Unfall: ____________________________________

Wem passierte der Unfall: ____________________________________

Welche Klassenarbeit schwänzte der Schüler: ____________________

Wo trieb er sich herum: ______________________________________

Wie passierte der Unfall: _____________________________________

Was brach sich der Schüler: ___________________________________

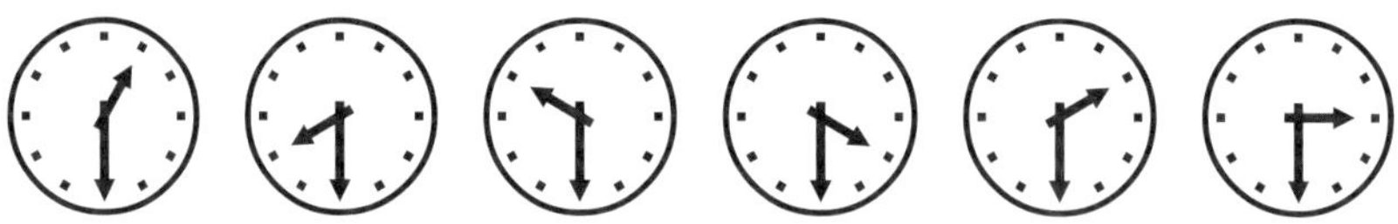

6.13. Rechnen: Wie viele Minuten sind es ...

Von 08:00 bis 08:15 Uhr ? ....

Von 10:00 bis 10:30 Uhr ? ....

Von 16:00 bis 16:45 Uhr ? ....

Von 17:10 bis 18:10 Uhr ? ....

Von 18:05 bis 18:55 Uhr ? ....

Von 12:25 bis 13:05 Uhr ? ....

Von 13:45 bis 14:15 Uhr ? ....

Von 14:55 bis 15:15 Uhr ? ....

Von 19:48 bis 20:03 Uhr ? ....

Von 20:35 bis 21:00 Uhr ? ....

Von 22:40 bis 23:15 Uhr ? ....

Von 06:10 bis 07:05 Uhr ? ....

Von 19:12 bis 20:20 Uhr ? ....

Von 14:50 bis 16:08 Uhr ? ....

Von 23:32 bis 01:00 Uhr ? ....

Wann geschah der Unfall: ______________________

Wem passierte der Unfall: ______________________

Welche Klassenarbeit schwänzte der Schüler: ______________

Wo trieb er sich herum: ______________________

Wie passierte der Unfall: ______________________

Was brach sich der Schüler: ______________________

6.14. Worte schreiben: Bilden Sie zusammengesetzte Worte mit jeweils einem Wort aus der ersten und einem Wort aus der zweiten Rubrik:

1.: ~~AFFEN~~, FAHRRAD, FLASCHEN, GÄNSE, GOLD, HAAR, HÜHNER, LAST, LIPPEN, MEER, MUSKEL, PECH, RAUPEN, WETTER.

2.: ADER, AUGE, BEKENNTNIS, BLÜMCHEN, BUSEN, FROSCH, HALS, KATER, KRAFTWAGEN, LENKER, SCHLEPPER, SPALTEREI, STRÄHNE, ~~THEATER~~.

AFFENTHEATER ______________________

______________________ ______________________

______________________ ______________________

______________________ ______________________

______________________ ______________________

______________________ ______________________

______________________ ______________________

Wann geschah der Unfall: ______________________________

Wem passierte der Unfall: ______________________________

Welche Klassenarbeit schwänzte der Schüler: ________________

Wo trieb er sich herum: ______________________________

Wie passierte der Unfall: ______________________________

Was brach sich der Schüler: ______________________________

6.15. Abzeichnen: Bitte zeichnen Sie die Grafik möglichst genau ab.

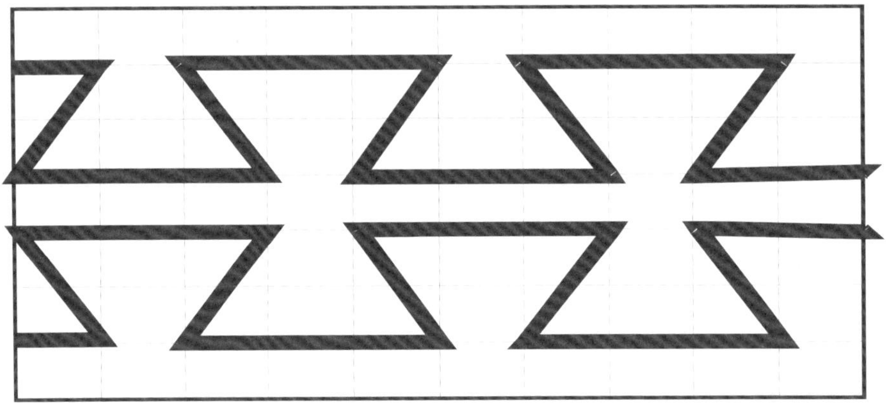

Wann geschah der Unfall: ______________________

Wem passierte der Unfall: ______________________

Welche Klassenarbeit schwänzte der Schüler: ______________________

Wo trieb er sich herum: ______________________

Wie passierte der Unfall: ______________________

Was brach sich der Schüler: ______________________

6.16. Geheimcode: Was sagt der chinesische Glückskeks heute? Jede Zahl entspricht einem Buchstaben im Alphabet. Bitte übersetzen Sie den Geheimcode.

1 = A	9 = I	17 = Q	25 = Y
2 = B	10 = J	18 = R	26 = Z
3 = C	11 = K	19 = S	27 = Ä
4 = D	12 = L	20 = T	28 = Ö
5 = E	13 = M	21 = U	29 = Ü.
6 = F	14 = N	22 = V	
7 = G	15 = O	23 = W	
8 = H	16 = P	24 = X	

4	1	19

12	5	2	5	14

13	5	9	19	20	5	18	20

13	1	14

12	27	3	8	5	12	14	4

15	4	5	18

29	2	5	18	8	1	21	16	20

14	9	3	8	20

Wann geschah der Unfall: ______________________

Wem passierte der Unfall: ______________________

Welche Klassenarbeit schwänzte der Schüler: ______________

Wo trieb er sich herum: ______________________

Wie passierte der Unfall: ______________________

Was brach sich der Schüler: ______________________

6.17. Satz ergänzen: Bitte vervollständigen Sie die Satzanfänge:

Die Farbe Gelb ist ______________________

Die Farbe Grün ist ______________________

Die Farbe Rot ist ______________________

Die Farbe Blau ist ______________________

Die Farbe Braun ist ______________________

Weiß ist ______________________

Schwarz ist ______________________

Es ist lustig ______________________

Es ist schade ______________________

Es ist schön ______________________

Es ist traurig ______________________

Es ist schlimm ______________________

Es ist toll ______________________

Es ist fantastisch ______________________

Es ist unglaublich ______________________

Es ist aufregend ______________________

Wann geschah der Unfall:____________________

Wem passierte der Unfall:____________________

Welche Klassenarbeit schwänzte der Schüler:____________________

Wo trieb er sich herum: ____________________

Wie passierte der Unfall:____________________

Was brach sich der Schüler:____________________

6.18. Altgedächtnis: Was waren Ihrer Meinung nach die wichtigsten politischen Ereignisse der letzten 10 Jahre? Schreiben Sie möglichst viele davon hier auf:

6.19 Chinesisch-lernen: Energie, Familie, Feuer, Frühling, Kraft, Mut, Mutter, Schicksal, Schönheit, Sommer, Tiger und Wasser. Was bedeuteten diese zwölf Zeichen? (Lösung siehe S. 230).

力	氣	水	美	母	家
虎	春	夏	缘	火	英

Wann geschah der Unfall: ______________________

Wem passierte der Unfall: ______________________

Welche Klassenarbeit schwänzte der Schüler: ______________

Wo trieb er sich herum: ______________________

Wie passierte der Unfall: ______________________

Was brach sich der Schüler: ______________________

6.20. Fehlende Rechenzeichen: Bitte setzen Sie in den folgenden Aufgaben die Rechenzeichen **:** (geteilt) oder **–** (minus) so ein, dass die Lösung am Ende stimmt.

12 :	6 = 2	24	8 = 16	16	8 = 8
14 -	7 = 7	27	9 = 3	18	6 = 12
40	8 = 5	30	6 = 5	24	6 = 18
42	6 = 36	32	8 = 24	36	6 = 30
45	9 = 5	28	7 = 4	48	8 = 40
48	6 = 42	24	6 = 4	54	6 = 48
48	8 = 6	30	6 = 24	54	9 = 45
49	7 = 42	35	7 = 5	54	9 = 6
16	8 = 2	32	8 = 4	56	7 = 49
12	6 = 6	28	7 = 21	56	7 = 8
14	7 = 2	36	9 = 4	56	8 = 48
21	7 = 14	21	7 = 3	56	8 = 7
18	6 = 3	35	7 = 28	60	6 = 54
42	7 = 35	36	6 = 6	60	6 = 10
42	7 = 6	42	6 = 7	63	7 = 56
45	9 = 36	36	9 = 27	63	7 = 9
18	9 = 2	48	6 = 8	63	9 = 54
18	9 = 9	49	7 = 7	63	9 = 7
24	8 = 3	40	8 = 32	64	8 = 56
27	9 = 18	54	6 = 9	64	8 = 8

Wann geschah der Unfall: ______________________________

Wem passierte der Unfall: ______________________________

Welche Klassenarbeit schwänzte der Schüler: __________________

Wo trieb er sich herum: ______________________________

Wie passierte der Unfall: ______________________________

Was brach sich der Schüler: ______________________________

6.21. Worte ausdenken: Bitte schreiben Sie hier möglichst viele Worte mit dem Anfangsbuchstaben „L“ hin.

Wann geschah der Unfall: ______________________

Wem passierte der Unfall: ______________________

Welche Klassenarbeit schwänzte der Schüler: ______________

Wo trieb er sich herum: ______________________

Wie passierte der Unfall: ______________________

Was brach sich der Schüler: ______________________

6.22. Textaufgaben: Bitte lösen Sie die folgenden Textaufgaben.

Was ist das Doppelte von 15?	
Herr Müller tankte für sein Motorrad am Montag 15 Liter und Samstag 14 Liter Benzin. Wieviel sind das zusammen?	
Der Koch hat von 56 Eiern die Hälfte verbraucht. Wie viele Eier hat er noch übrig?	
Vier Jungen teilen sich 108,- €uro. Wie viel bekommt jeder?	
In einer Schulklasse sind 10 Mädchen und 16 Jungen. Wie groß ist die ganze Klasse?	
An einer Wäscheleine hängen 50 Strümpfe. Wie viele Paare sind das?	
Wie viele Stunden sind ein Tag?	
Drei Schwestern teilen sich 69 Kirschen. Wie viele Kirschen bekommt jede?	
Frau Schmitt hatte vor dem Einkaufen 30,- €uro im Portemonnaie. Nun hat sie nur noch 8,- €uro.	
Vor dem Schlafengehen liest Eberhard immer sieben Seiten. Wie viele Seiten sind das nach drei Tagen?	
Herr Grün pflanzt in seinem Schrebergarten 2 Reihen Salat. In jeder Reihe sind 10 Pflanzen.	
Herr Müller fährt um 07:08 Uhr los zur Arbeit und kommt um 07:27 Uhr an. Wie viele Minuten hat er gebraucht?	
Frau Müller kauft drei Handtücher zu je 6,- €uro pro Stück. Was muss sie bezahlen?	
Frau Rusmas kauft im Supermarkt für 83,- €uro ein. Sie bezahlt mit einem 100,- Euro-Schein.	
Anne hat in ihrem Sparschwein drei Zwei-Eurostücke und zwei Fünf-Euroscheine. Wie viel Geld besitzt sie?	

Schreiben Sie hier auf, was dem armen Ulf Vogel am Freitag, den 13. Dezember passierte:

E N D E 6. TEIL

7. ÜBUNG:

Heiße Mode in Paris

Auf der aktuellen Frühlings-Modemesse wurden im März in Paris die allerneuesten Kreationen vorgestellt. Die Entwürfe des Amerikaners Jim Wood ersetzen den üblichen Stoff durch weiches Korkgewebe und aufgeklebtes Holzfurnier. Der Italiener Cesare Transparente hat eine Reihe völlig durchsichtiger Kleidungsstücke hergestellt. Von der Jacke über die Hose und die Schuhe bis zur Unterwäsche besteht alles aus völlig durchsichtigem Plastik. Der Franzose Pierre Tôle kleidet seine Modelle von Kopf bis Fuß in Blechhüllen, die schon beim Ansehen unbequem wirken. Sie ähneln Ritterrüstungen, an den Gelenken erlauben Gummi-Faltenbälgen Bewegungen.

Bitte zeichnen Sie hier ein Bild von einer der Modeschöpfungen:

Bitte lesen Sie wie bei den bisherigen Übungen den Text wieder intensiv durch und bearbeiten Sie ihn durch Markieren der wichtigen Textteile. Stellen Sie sich das Geschehen gedanklich vor und versuchen Sie dann Fragen zu dem Text zu formulieren.

Bitte beantworten Sie folgende Fragen zu dem Text:

Wo fand die Mode-Messe statt?
□ Paris
□ London
□ New York
□ Tokio
□ Rom
□ Berlin
□ Singapur
□ Madrid

Wann war die Messe?
□ Frühjahr
□ Sommer
□ Herbst
□ Winter

Woraus bestanden die Kleider des Amerikaners Jim Wood?
□ Blech
□ Kork und Holz
□ durchsichtiges Plastik

Was war Besonderes an der Kleidung des Italieners Cesare Transparente?
□ Blech
□ Kork und Holz
□ durchsichtiges Plastik

Was trugen die Modelle des Franzosen Pierre Tôle?
□ Blech
□ Kork und Holz
□ durchsichtiges Plastik

7.1. Labyrinth: Finden Sie den Weg durch folgendes Labyrinth?

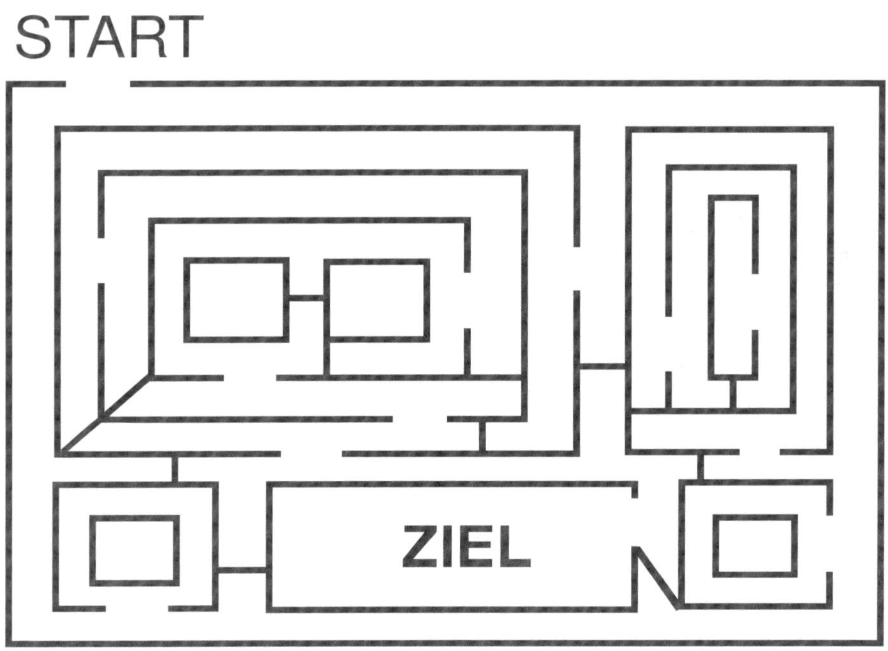

Bitte beantworten Sie folgende Fragen zu dem Text am Anfang:

Wo fand die Mode-Messe statt?
☐ Tokio
☐ Rom
☐ Berlin
☐ Singapur
☐ Madrid
☐ Paris
☐ London
☐ New York

Wann war die Messe?
☐ Frühjahr
☐ Sommer
☐ Herbst
☐ Winter

Woraus bestanden die Kleider des Amerikaners Jim Wood?
☐ durchsichtiges Plastik
☐ Blech
☐ Kork und Holz

Was war Besonderes an der Kleidung des Italieners Cesare Transparente?
☐ durchsichtiges Plastik
☐ Blech
☐ Kork und Holz

Was trugen die Modelle des Franzosen Pierre Tôle?
☐ durchsichtiges Plastik
☐ Blech
☐ Kork und Holz

7.2. Abzählen: Bitte zählen Sie alle groß (A) und kleingeschrieben (a) und tragen Sie das Ergebnis für jede Zeile rechts ein. In jeder Zeile ist außerdem ein Wort versteckt.

aaaTAA KATJA FaAf JKAAA
BAaAab AFRIKA AgftZAaAA
A GcaFaAgAHAIfischajaALa
ADFJaVDkö aSaharaAAkAI
zXaYaAABLauWal AACKÖV
BratPfanneYaRaTSaR a A J
aüA bERSHJKasachstanaÖV
AdaAfAagDVBILDUNGIÖÜ
StAuBSAugErbatazubfjBM
QRStOppsChILdaPAhupA HT
GhgtmkaTzEnfuTtERMkAin
OzuISTbkaFFeEMehLfrghUIO
SDGbKLobÜrsTezuÜöBvghTZ

Bitte beantworten Sie folgende Fragen zu dem Text am Anfang:

Wo fand die Mode-Messe statt?

- ☐ London
- ☐ New York
- ☐ Tokio
- ☐ Rom
- ☐ Berlin
- ☐ Singapur
- ☐ Madrid
- ☐ Paris

Wann war die Messe?

- ☐ Frühjahr
- ☐ Sommer
- ☐ Herbst
- ☐ Winter

Was war Besonderes an der Kleidung des Italieners Cesare Transparente?

- ☐ durchsichtiges Plastik
- ☐ Blech
- ☐ Kork und Holz

Woraus bestanden die Kleider des Amerikaners Jim Wood?

- ☐ durchsichtiges Plastik
- ☐ Blech
- ☐ Kork und Holz

Was trugen die Modelle des Franzosen Pierre Tôle?

- ☐ durchsichtiges Plastik
- ☐ Blech
- ☐ Kork und Holz

7.3. Konzentration: Kreuzen Sie die Zahlen von 1 bis 155 an. Welche Zahl ist verkehrt? Arbeiten Sie mit System!

1	12	23	4	25	16	37	28	9	40
31	22	3	14	35	36	7	18	39	20
11	32	13	34	5	26	27	8	29	30
21	2	33	24	15	6	17	38	19	10
41	72	63	74	75	46	67	48	69	60
61	52	73	44	65	66	77	58	79	50
71	42	53	54	55	56	57	78	49	80
51	62	43	64	45	76	47	68	59	70
81	102	113	104	115	86	107	98	89	100
91	112	83	94	85	96	117	118	109	120
101	92	103	84	105	116	97	88	119	90
111	82	93	114	95	106	87	108	99	110
131	142	123	134	155	136	127	148	139	150
141	122	133	124	145	126	137	128	149	130
121	132	143	144	125	146	147	138	129	140

Bitte beantworten Sie folgende Fragen zu dem Text am Anfang:

Wo fand die Mode-Messe statt?
- □ Paris
- □ London
- □ New York
- □ Tokio
- □ Rom
- □ Berlin
- □ Singapur
- □ Madrid

Wann war die Messe?
- □ Frühjahr
- □ Sommer
- □ Herbst
- □ Winter

Was trugen die Modelle des Franzosen Pierre Tôle?
- □ Blech
- □ Kork und Holz
- □ durchsichtiges Plastik

Woraus bestanden die Kleider des Amerikaners Jim Wood?
- □ Blech
- □ Kork und Holz
- □ durchsichtiges Plastik

Was war Besonderes an der Kleidung des Italieners Cesare Transparente?
- □ Blech
- □ Kork und Holz
- □ durchsichtiges Plastik

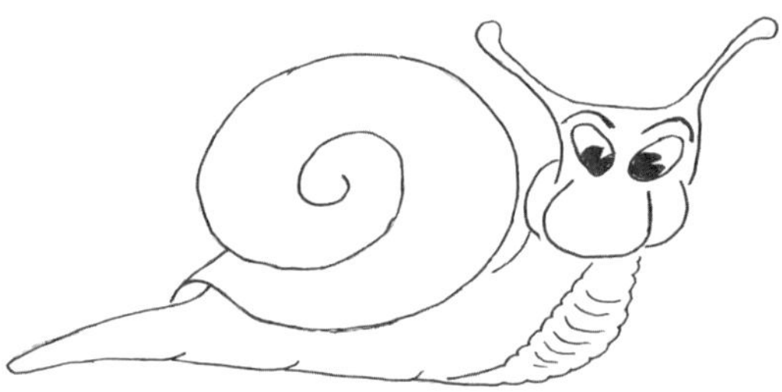

7.4. Zahlen als Text: Bitte schreiben Sie die folgenden Worte als Zahl:

Einhunderttausend ____________

Zweihundertzwanzigtausend ____________

Dreihundertdreiunddreißigtausend ____________

Eine Million ____________

Zwei Millionen Zweihunderttausend ____________

Drei Millionen Dreihundertdreißigtausend ____________

Vier Millionen Vierhundertvierundvierzigtausend ____________

Zehn Millionen ____________

Zweiundzwanzig Millionen ____________

Dreiunddreißig Millionen Dreihunderttausend ____________

Drei Millionen und Dreihundertdreiunddreißig ____________

Dreiunddreißig Millionen Dreihundertdrei ____________

Wo fand die Mode-Messe statt?
- □ Berlin
- □ Singapur
- □ Paris
- □ London
- □ New York
- □ Tokio
- □ Rom
- □ Madrid

Wann war die Messe?
- □ Frühjahr
- □ Sommer
- □ Herbst
- □ Winter

Woraus bestanden die Kleider des Amerikaners Jim Wood?
- □ Kork und Holz
- □ durchsichtiges Plastik
- □ Blech

Was war Besonderes an der Kleidung des Italieners Cesare Transparente?
- □ Kork und Holz
- □ durchsichtiges Plastik
- □ Blech

Was trugen die Modelle des Franzosen Pierre Tôle?
- □ Kork und Holz
- □ durchsichtiges Plastik
- □ Blech

7.5. Leseverständnis: Sind die folgenden Aussagen wahr?

Rembrandt war ein Maler.	[ ] Wahr [ ] Unsinn
Tschaikowsky war ein Komponist.	[ ] Wahr [ ] Unsinn
Hemmingway war ein Schriftsteller.	[ ] Wahr [ ] Unsinn
Leonardo da Vinci war ein Klempner.	[ ] Wahr [ ] Unsinn
J.W. von Goethe war ein Malermeister.	[ ] Wahr [ ] Unsinn
Sigmund Freud war ein Bildhauer.	[ ] Wahr [ ] Unsinn
Konrad Adenauer war ein Bundeskanzler.	[ ] Wahr [ ] Unsinn
John Kennedy war amerikan. Präsident.	[ ] Wahr [ ] Unsinn
Salvatore Dali war ein berühmter Maler.	[ ] Wahr [ ] Unsinn
Albert Einstein war ein Programmierer.	[ ] Wahr [ ] Unsinn
Heinz Rühmann war ein Komponist.	[ ] Wahr [ ] Unsinn
Napoleon Bonaparte war ein Türke.	[ ] Wahr [ ] Unsinn
Mao Tse Tung war Chinese.	[ ] Wahr [ ] Unsinn
Tut Ench Amun war ein Pharao.	[ ] Wahr [ ] Unsinn
Julius Caesar war ein Römer.	[ ] Wahr [ ] Unsinn
Willy Brandt war ein Schnelläufer.	[ ] Wahr [ ] Unsinn
Franz Beckenbauer war Bürgermeister.	[ ] Wahr [ ] Unsinn
Richard Wagner komponierte Schlager.	[ ] Wahr [ ] Unsinn

Bitte beantworten Sie folgende Fragen zu dem Text am Anfang:

Wo fand die Mode-Messe statt?

- ☐ Paris
- ☐ London
- ☐ New York
- ☐ Tokio
- ☐ Rom
- ☐ Berlin
- ☐ Singapur
- ☐ Madrid

Wann war die Messe?

- ☐ Frühjahr
- ☐ Sommer
- ☐ Herbst
- ☐ Winter

Woraus bestanden die Kleider von Jim Wood?

- ☐ Blech
- ☐ Kork und Holz
- ☐ durchsichtiges Plastik

Was war Besonderes an der Kleidung von Cesare Transparente?

- ☐ Blech
- ☐ Kork und Holz
- ☐ durchsichtiges Plastik

Was trugen die Modelle von Pierre Tôle?

- ☐ Blech
- ☐ Kork und Holz
- ☐ durchsichtiges Plastik

7.6. Freies Zeichnen: Bitte zeichnen Sie eine Schere in das freie Feld:

Wo fand die Mode-Messe statt?
☐ New York
☐ Tokio
☐ Rom
☐ Berlin
☐ Singapur
☐ Madrid
☐ Paris
☐ London

Wann war die Messe?
☐ Frühjahr
☐ Sommer
☐ Herbst
☐ Winter

Was war Besonderes an der Kleidung des Italieners?
☐ Blech
☐ Kork und Holz
☐ durchsichtiges Plastik

Woraus bestanden die Kleider des Amerikaners?
☐ Blech
☐ Kork und Holz
☐ durchsichtiges Plastik

Was trugen die Modelle des Franzosen?
☐ Blech
☐ Kork und Holz
☐ durchsichtiges Plastik

7.7. Chinesisch-lernen: Bitte zeichnen Sie diese chinesischen Schriftzeichen ab und merken Sie sich ihre Bedeutung.

爱 Liebe		性 Sex	

7.8. Fehlende Buchstaben: Fehlt hier ein –ei- oder ein –ie- ? Bitte schreiben Sie die fehlenden Buchstaben in das Wort.

R____fen	sp____len	Kn____pe
S____ger	z____gen	R____se
b____ßen	Kn____	F____ge
Z____l	n____gen	K____s
pf____fen	B____gung	G____ge
Z____ge	R____he	L____ge
S____fe	B____ne	H____mat
N____derung	V____lchen	Sch____ne
T____g	Fer____n	T____ch
M____te	W____che	marsch____ren

Erinnern Sie sich noch an den Text am Anfang dieser Übung?

Wo fand die Mode-Messe statt? *In P*___________________________

Wann war die Messe? *Im F*________________________________

Woraus bestanden die Kleider des Amerikaners Jim Wood?

*Aus K*__________________ *und H*_______________________

Was war Besonderes an der Kleidung des Italieners Cesare Transparente?

*Die Kleidung war d*______________________________

Was trugen die Modelle des Franzosen Pierre Tôle?

*Bl*____

7.9. Fehler-finden: In jeder Zeile ist ein Wort falsch. Finden Sie es?

Ein Ostfriese fährt nach Bayern in den Uhrlaub und sieht in seinem Hotel einen Spigel an der Wand. Er packt ihn ein und schikt ihn seinen Eltern mit einem Brief auf dem steht: "*Schauht nur wie nett die Bayern sind! Die haben hier extra für mich sogar ein Bild von mir aufgehänkt.*"

Der Vater sieht sich den Speigel an und sagt zu seiner Frau: "*Mein Gott, ißt unser Sohn alt geworden*!"

Die Muttter schaut über Vaters Schulter in den Spiegel und sagt: "*Kein Wunder, wenn er mit so einer hesslichen alten Frau zusamen ist*!"

"*Jedesmahl, wenn über New York Nebel liegt, lande ich nach Gefühl*", erzehlt ein US-Pilot seinen Kollegen. "*Fenster auf, Arm raus, Freiheiheitsstatue fühlen, Arm rein, landen.*"

"*Mach ich genauso*", sagt sein französischer Kolege. "*Fenster auf, Arm raus, Eifelturm fühlen, Arm rein, lannden.*"

"*Bei mir ist's einfacher*", sagt der Pielot aus Italien. "*Fenster auf, Arm rauß, Arm rein, landen.*"

Die anderen schauhen ihn fragend an.

"*Na, das ist nun wirklich nicht schwär*", meint der Italiener. "*Arm raus, Arm rein, Armbandur geklaut - Rom!*"

Wo fand die Mode-Messe statt? *In P*____________________________

Wann war die Messe? *Im F*____________________________________

Woraus bestanden die Kleider des Amerikaners Jim Wood?

*Aus K*__________________ *und H*________________________

Was war Besonderes an der Kleidung des Italieners Cesare Transparente?

*Die Kleidung war d*___________________________________

Was trugen die Modelle des Franzosen Pierre Tôle?

*Bl*____

7.10. Logisches Denken: Die folgenden Reihen sind Zeile für Zeile nach einem logischen Gesetz aufgebaut. Welches Zeichen müsste dort hin, wo jeweils der freie Platz ist?

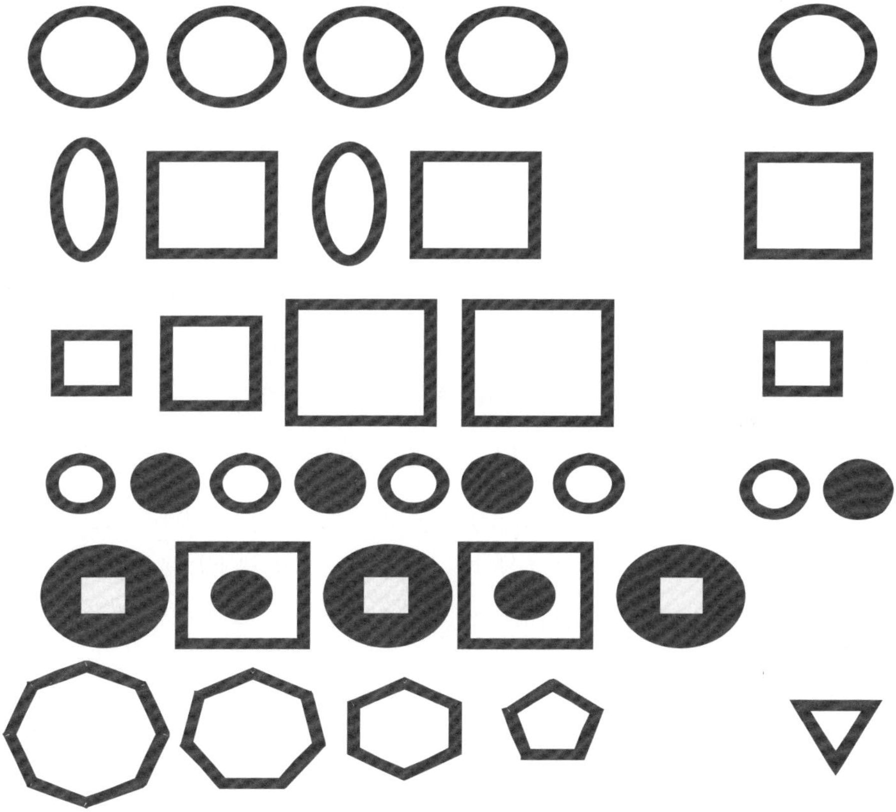

Erinnern Sie sich noch an den Text am Anfang dieser Übung?

Wo fand die Mode-Messe statt? *In P*____________________________

Wann war die Messe? *Im F*_______________________________

Woraus bestanden die Kleider von Jim Wood?

*Aus K*_________________ *und H*_________________________

Was war Besonderes an der Kleidung von Cesare Transparente?

*Die Kleidung war d*_________________________________

Was trugen die Modelle von Pierre Tôle?

*Bl*____

7.11. Rechtschreibung: Bitte setzen Sie jeweils die über den Spalten stehenden Buchstaben in die folgenden Worte ein.

-a- oder –ah- ?	**-e- oder –eh- ?**	**-o- oder –oh- ?**
Die F____ne	Das Gew____r	Das F____len
Der Dr____t	Der L____rer	Der B____rer
Der R____men	Die S____ne	Die B____ne
Die Autob____n	Das R____	Die S____le
Die S____ne	Der große Z____	Die W____nung
Die M____lzeit	Die Zahl Z____n	Der Fl____
Das F____rrad	Der L____mboden	Das Str____
Der Sch____l	R____genbogen	Der Postb____te
Der Kr____n	Der Sch____mel	Die Bet____nung
Die Ban____ne	Die L____derjacke	Die Verl____bung
Der M____ler	Die Fl____dermaus	Das Fl____ß
Der B____rt	Die Br____zel	Der H____bel
Sp____rschwein	Die F____der	Die Kr____ne

Wo fand die Mode-Messe statt? ______________________________

Wann war die Messe? ______________________________

Woraus bestanden die Kleider des Amerikaners?

____

Was war Besonderes an der Kleidung des Italieners?

____

Was trugen die Modelle des Franzosen?

____

7.12. Sprüche ergänzen: Wie endet die folgende Redewendung?

1.	Jemanden einen Schuss	die Höflichkeit der Könige.	G
2.	Bekannt sein	vor dem Fall.	H
3.	Wie in Buxtehude, wo die	wie das Hornberger Schießen.	C
4.	Jemanden Honig	um den Bart schmieren.	S
5.	Das ging so aus	Hunde mit dem Schwanz bellen.	L
6.	Hochmut kommt	wie ein bunter Hund.	A
7.	Pünktlichkeit ist Das	vor den Bug verpassen	F
8.	lässt mein Herz Vom	lässt es sich gut stinken.	M
9.	Hölzchen	zur Hölle machen.	D
10.	Jemandem das Leben	in die Hosentasche.	U
11.	Mir rutscht das Herz	aufs Stöckchen geraten.	L
12.	Mit vollen Hosen	höher schlagen.	E
13.	Mit den Hühnern	in der Pfanne verrückt.	R
14.	Dem Fuchs	findet mal ein Korn	E
15.	Um eine Sache den Mantel	wenn man trotzdem lacht.	H
16.	Das Huhn schlachten,	der Hütte haben.	C
17.	Viel Holz vor	das goldene Eier legt.	S
18.	Humor ist,	des Schweigens hüllen.	U
19.	Auch ein blindes Huhn	den Hühnerstall anvertrauen.	A
20.	Da wird der Hund	zu Bett gehen.	T

Wenn Sie hier die Buchstaben aus der letzten Spalte korrekt eintragen, können Sie anhand des Lösungswortes prüfen, ob Ihre Zuordnung stimmt.

1	2	3	4	5	6	7	8	9	10	11	12	13	14	15	16	17	18	19	20

Wo fand die Mode-Messe statt? ______________________________

Wann war die Messe? ______________________________

Woraus bestanden die Kleider von Jim Wood?

____

Was war Besonderes an der Kleidung von Cesare Transparente?

____

Was trugen die Modelle von Pierre Tôle?

____

7.13. Rechnen: Bei wie vielen der folgenden Aufgaben kommt als Lösung NICHT 111 heraus?

18 + 12 + 15 + 25 + 13 + 7 + 10 + 11 =

8 + 8 + 9 + 5 + 13 + 27 + 11 + 9 + 21 =

9 + 11 + 22 + 8 + 23 + 17 + 18 + 3 =

11 + 22 + 33 + 44 + 1 =

20 + 19 + 18 + 17 + 16 + 15 + 6 =

16 + 15 + 14 + 13 + 12 + 11 + 10 + 9 + 8 + 3 =

6 + 7 + 8 + 9 + 10 + 11 + 12 + 13 + 14 + 21 =

16 + 4 + 15 + 5 + 17 + 3 + 18 + 2 + 31 =

12 + 34 + 56 + 9 =

98 + 2 + 2 + 2 + 3 + 4 =

57 + 4 + 9 + 11 + 19 + 5 + 3 + 1 + 2 =

25 + 9 + 6 + 17 + 7 + 6 + 12 + 18 + 11 =

31 + 2 + 4 + 6 + 17 + 21 + 3 + 1 + 26 =

28 + 28 + 28 + 3 + 4 + 2 + 1 + 9 + 8 =

13 + 37 + 15 + 12 + 23 + 8 + 2 + 1 =

11 + 12 + 13 + 14 + 15 + 16 + 17 + 13 =

Erinnern Sie sich noch an den Text am Anfang dieser Übung?

Wo fand die Mode-Messe statt? ________________________

Wann war die Messe? ________________________

Woraus bestanden die Kleider des Amerikaners?

____

Was war Besonderes an der Kleidung des Italieners?

____

Was trugen die Modelle des Franzosen?

____

7.14. Worte schreiben: Bitte schreiben Sie die fehlenden Worte in die Lücken.

Eine ____londine in einem ____portwagen hält an einer ____mpel an. Ein ____bdachloser klopft an ihre ____indschutzscheibe und fragt nach einer ____igarette. Sie gibt ihm eine und fährt los. Als sie wieder bei einer ____mpel anhält, klopft der ____bdachlose wieder an ihre ____indschutzscheibe und bittet um ____euer. Sie gibt ihm ____euer und fährt wieder los. Als sie erneut bei einer ____mpel anhält, klopft der ____bdachlose ebenfalls wieder an ihre ____indschutzscheibe.

Sie fragt ihn: "*Wie machst Du das, dass Du immer, wenn ich anhalte, neben meinem ____agen stehst?*"

Der ____bdachlose antwortet: "*Gib mir 10 Euro und ich helfe dir aus dem ____reisverkehr!*"

Wo fand die Mode-Messe statt? ________________________________

Wann war die Messe? ____

Woraus bestanden die Kleider von Jim Wood?

____

Was war Besonderes an der Kleidung von Cesare Transparente?

____

Was trugen die Modelle von Pierre Tôle?

____

7.15. Abzeichnen: Bitte zeichnen Sie die Grafik möglichst genau ab.

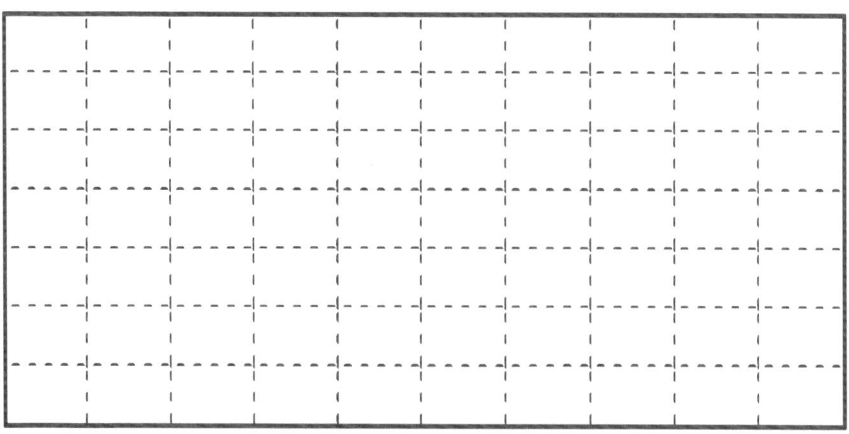

Erinnern Sie sich noch an den Text am Anfang dieser Übung?

Wo fand die Mode-Messe statt? ______________________

Wann war die Messe? ______________________

Woraus bestanden die Kleider des Amerikaners?

____

Was war Besonderes an der Kleidung des Italieners?

____

Was trugen die Modelle des Franzosen?

____

7.16. Geheimcode: Was sagt die chinesische Weisheit uns heute? Jede Zahl entspricht einem Buchstaben im Alphabet. Bitte übersetzen Sie den Geheimcode.

1 = A	9 = I	17 = Q	25 = Y
2 = B	10 = J	18 = R	26 = Z
3 = C	11 = K	19 = S	27 = Ä
4 = D	12 = L	20 = T	28 = Ö
5 = E	13 = M	21 = U	29 = Ü.
6 = F	14 = N	22 = V	
7 = G	15 = O	23 = W	
8 = H	16 = P	24 = X	

10	5	4	5

12	1	14	7	5

18	5	9	19	5

2	5	7	9	14	14	20

13	9	20

4	5	13

5	18	19	20	5	14

19	3	8	18	9	20	20

.

.

Erinnern Sie sich noch an den Text am Anfang dieser Übung?

Wo fand die Mode-Messe statt? ______________________________

Wann war die Messe? ______________________________

Woraus bestanden die Kleider des Amerikaners Jim Wood?

____

Was war Besonderes an der Kleidung des Italieners Cesare Transparente?

____

Was trugen die Modelle des Franzosen Pierre Tôle?

____

7.17. Satz ergänzen: Bitte vervollständigen Sie die Satzanfänge:

Paris ist ______________________________.

Italiener sind ______________________________.

In Rom ist es ______________________________.

Deutsche sind ______________________________.

New York ist ______________________________.

Türken sind ______________________________.

Am Mittelmeer ist es ______________________________.

Russen sind ______________________________.

In Australien ______________________________.

Araber sind ______________________________.

In Indien gibt es ______________________________.

Ägypten ist ______________________________.

In Athen gibt es ______________________________.

Menschen in Äthiopien ______________________________.

Wo fand die Mode-Messe statt? ______________________

Woraus bestanden die Kleider des Amerikaners Jim Wood?

____

Was war Besonderes an der Kleidung des Italieners Cesare Transparente?

____

Was trugen die Modelle des Franzosen Pierre Tôle?

____

Wann war die Messe? ______________________

7.18. Altgedächtnis: Was wissen Sie noch? Schreiben Sie möglichst viele Schlagersänger, Popgruppen oder andere Musikanten hier auf:

____

____

____

____

____

____

____

7.19 Chinesisch-lernen: Energie, Familie, Feuer, Frühling, Kraft, Liebe, Mut, Mutter, Schicksal, Schönheit, Sex, Sommer, Tiger und Wasser. Was bedeuteten diese vierzehn Zeichen? (Lösung siehe S. 230).

缘	氣	虎	英	家	爱	性
春	水	力	夏	美	火	母

Wo fand die Mode-Messe statt? ______________________________

Wann war die Messe? ______________________________________

Woraus bestanden die Kleider des Amerikaners?

____

Was war Besonderes an der Kleidung des Italieners?

____

Was trugen die Modelle des Franzosen?

____

7.20. Fehlende Rechenzeichen: Bitte setzen Sie in den folgenden Aufgaben die Rechenzeichen + (plus) oder – (minus) so ein, dass die Lösung am Ende stimmt.

3	+	4	+	1	=	8	56		28		18	=	10
8	–	2	–	3	=	3	67		15		12	=	40
12		4		5	=	21	54		18		16	=	88
21		7		7	=	7	53		28		18	=	99
7		12		9	=	28	67		15		12	=	94
28		6		8	=	14	51		18		16	=	85
55		11		22	=	22	59		11		28	=	20
62		9		13	=	40	32		27		3	=	2
42		6		8	=	28	45		15		15	=	15
59		19		10	=	30	59		11		28	=	98
55		11		22	=	88	32		27		3	=	62
62		9		13	=	84	45		15		15	=	75
42		6		8	=	56	77		11		11	=	55
59		19		10	=	88	38		27		10	=	1
23		7		6	=	10	40		28		7	=	5
99		18		11	=	70	77		11		11	=	99
67		15		22	=	30	38		27		10	=	75
23		7		6	=	36	40		28		7	=	75
59		18		11	=	88	69		13		7	=	89
67		10		22	=	99	69		13		7	=	49

Wo fand die Mode-Messe statt? ______________________

Woraus bestanden die Kleider von Jim Wood?

____

Was war Besonderes an der Kleidung von Cesare Transparente?

____

Wann war die Messe? ______________________

Was trugen die Modelle von Pierre Tôle?

____

7.21. Worte ausdenken: Bitte schreiben Sie hier möglichst viele Worte mit dem Anfangsbuchstaben „K" hin.

Wo fand die Mode-Messe statt? ______________________________

Wann war die Messe? ______________________________

Woraus bestanden die Kleider des Amerikaners Jim Wood?

____

Was war Besonderes an der Kleidung des Italieners Cesare Transparente?

____

Was trugen die Modelle des Franzosen Pierre Tôle?

____

7.22. Textaufgaben: Bei welchen der folgenden Textaufgaben kommt etwas anderes heraus als bei den übrigen?

Herr Balduin ist am Montag 12 km Rad gefahren, am Dienstag 16 km und am Mittwoch nochmal 16 km.	
Herr Schick ist am Donnerstag 120 km Auto gefahren, am Freitag 180 km und am Samstag 140 km	
Drei Kinder wiegen sich. Thomas bringt 20 kg auf die Waage, seine kleine Schwester wiegt 16 kg und der ganz kleine Bruder 8 kg.	
Holger Fleißig fährt um 07:16 Uhr mit dem Bus zur Arbeit. Genau um 08:00 Uhr ist er da. Wie lange hat er gebraucht?	
Frau Stark joggt durch den Waldweg. Für eine Runde braucht sie genau elf Minuten. Sie hat den Weg schon viermal durchlaufen.	
Herr Reiser ist am 1. Januar in New York angekommen. Wie viele Tage ist er am 13. Februar dort?	
Amanda hat 75,- €uro, hiervon gibt sie 31,- €uro aus.	
Rolf hat 200,- € im Portemonnaie und geht zum Einkaufen. Als er zurück kommt, hat er noch 156,- €uro.	
Für 88 km braucht Rüdiger mit seinem Roller zwei Stunden. Wie groß ist seine Durchschnittsgeschwindigkeit?	
Herr Meyer ist 1966 geboren. Wie alt ist er 2010 geworden?	
Ein Buch hat 420 Seiten. Elena hat schon 376 davon gelesen.	

Bitte schreiben Sie hier noch einmal alles hin, was Sie von der Mode-Messe wissen:

E N D E 7. TEIL

8. ÜBUNG:

Dreister Einbruch!

Bitte zeichnen Sie hier ein Bild von dem Einbrecher:

Pech hatte ein dreister Einbrecher. Der 68-jährige Mann war am Montag tagsüber im Rathaus und hatte dort unbemerkt von innen ein Kellerfenster entriegelt. In der Nacht vom Montag auf Dienstag war er dann durch dieses Fenster in das Rathaus eingedrungen und hatte etliche Computer und Bürogeräte zusammengetragen und vor dem Kellerfenster aufgestapelt. Vermutlich hatte er sich am Abend vor dem Einbruch kräftig Mut angetrunken, denn irgendwann schlief er betrunken und entkräftet neben den Geräten ein. Dort fand ihn dann am frühen Morgen die Reinmachefrau, die geistesgegenwärtig die Polizei anrief. Nun befindet der Mann sich in Untersuchungshaft. Zwecks Schuldminderung gab er an, er habe drei geschiedene Ehefrauen, sechs Schwiegermütter, zwölf Kinder und 24 Enkel zu ernähren.

Bitte lesen Sie wie bei den bisherigen Übungen den Text wieder intensiv durch und bearbeiten Sie ihn durch Markieren der wichtigen Textteile. Stellen Sie sich das Geschehen gedanklich vor und versuchen Sie dann Fragen zu dem Text zu formulieren.

Bitte beantworten Sie die Fragen zum Anfangstext:

Wo war der Einbrecher eingestiegen:
☐ Sparkasse
☐ Finanzamt
☐ Rathaus
☐ Juwelier
☐ Kaufhaus

Wie alt war der Einbrecher?
☐ 21 J. ☐ 45 J. ☐ 68 J.

Was versuchte der Einbrecher zu stehlen?
☐ Schmuck und Juwelen
☐ Computer und Bürogeräte
☐ Bargeld und Scheckkarten

Was passierte dem Mann?
☐ Er brach sich ein Bein
☐ Er schlief betrunken ein
☐ Er wurde ohnmächtig
☐ Er fiel die Treppe hinunter

Wer fand den Einbrecher?
☐ Der Bürgermeister
☐ Der Direktor der Sparkasse
☐ Der Geschäftsinhaber
☐ Eine Reinmachefrau

Wie viele Schwiegermütter muss der Mann angeblich ernähren?
☐ 1 ☐ 2 ☐ 3
☐ 4 ☐ 5 ☐ 6
☐ 7 ☐ 8 ☐ 9
☐ 10 ☐ 11 ☐ 12

8.1. Labyrinth: Finden Sie den Weg im folgenden Labyrinth?

START

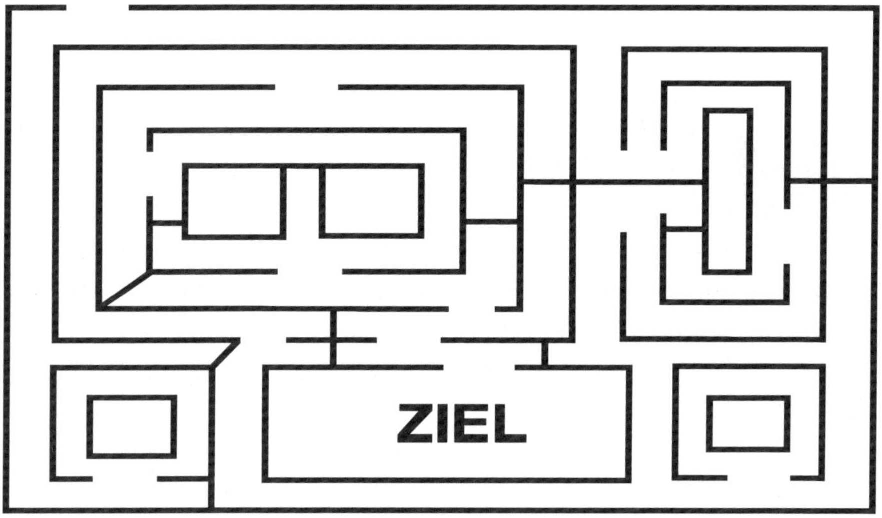

Bitte beantworten Sie die Fragen zum Anfangstext:

Wo war der Einbrecher eingestiegen:
- ☐ Rathaus
- ☐ Juwelier
- ☐ Sparkasse
- ☐ Finanzamt
- ☐ Kaufhaus

Wie alt war der Einbrecher?
☐ 21 J. ☐ 45 J. ☐ 68 J.

Was versuchte der Einbrecher zu stehlen?
- ☐ Bargeld und Scheckkarten
- ☐ Schmuck und Juwelen
- ☐ Computer und Bürogeräte

Was passierte dem Mann?
- ☐ Er wurde ohnmächtig
- ☐ Er fiel die Treppe hinunter
- ☐ Er brach sich ein Bein
- ☐ Er schlief betrunken ein

Wer fand den Einbrecher?
- ☐ Der Direktor der Sparkasse
- ☐ Der Geschäftsinhaber
- ☐ Der Bürgermeister
- ☐ Eine Reinmachefrau

Wie viele Schwiegermütter muss der Mann angeblich ernähren?
- ☐ 2
- ☐ 4
- ☐ 6
- ☐ 8

8.2. Abzählen: Bitte zählen Sie alle Worte, die ein –b- beinhalten und tragen Sie das Ergebnis für jede Zeile rechts ein.

reden reiben radeln aufrunden zittern
gehen treiben aufblühen hüpfen sehen
erben haben hängen treiben malen
heben segeln treiben geben neben
leben weben hören kleben neben üben
trübe vorüber Weiber Zebra Abraham Erdbeeren
Rübe Grube mürbe Nürnberg Ober Narbe Sabine
Rübe Rabe Rebe Raps Reibe Scheibe Eibe
Rüben drüben schieben lieben gerieben
Abend Nabel Zebra Elch Eber Schuhschrank
Dieb Mörder Schreiber Stift Kabel Stecker
Schwimmbecken Handbremse Schrei Maschine
Radfahrer Fabrik Flaschen Klingel Hörgerät
Ei Tat Mist Teer Huhn Rot Hut Eis Feder

Bitte beantworten Sie die Fragen zum Anfangstext:

Wo war der Einbrecher eingestiegen:
☐ Rathaus
☐ Juwelier
☐ Kaufhaus
☐ Sparkasse
☐ Finanzamt

Wie alt war der Einbrecher?
☐ 21 J. ☐ 45 J. ☐ 68 J.

Was versuchte der Einbrecher zu stehlen?
☐ Bargeld und Scheckkarten
☐ Schmuck und Juwelen
☐ Computer und Bürogeräte

Was passierte dem Mann?
☐ Er schlief betrunken ein
☐ Er brach sich ein Bein
☐ Er wurde ohnmächtig
☐ Er fiel die Treppe hinunter

Wer fand den Einbrecher?
☐ Eine Reinmachefrau
☐ Der Bürgermeister
☐ Der Direktor der Sparkasse
☐ Der Geschäftsinhaber

Wie viele Schwiegermütter muss der Mann angeblich ernähren?
☐ 3
☐ 6
☐ 12
☐ 24
☐ 48

8.3. Konzentration: Bilden Sie möglichst viele Worte aus den folgenden 12 Buchstaben:

A B C E F H I M R S T U

MIST, CHEF, TRUHE, ______________________

____

____

____

____

8.4. Chinesisch-lernen: Bitte zeichnen Sie diese chinesischen Schriftzeichen ab und merken Sie sich ihre Bedeutung.

 Erfolg		 Traum	

Bitte beantworten Sie die Fragen zum Anfangstext:

Wo war der Einbrecher eingestiegen:
- ☐ Sparkasse
- ☐ Finanzamt
- ☐ Rathaus
- ☐ Juwelier
- ☐ Kaufhaus

Wie alt war der Einbrecher?
☐ 21 J. ☐ 45 J. ☐ 68 J.

Was versuchte der Einbrecher zu stehlen?
- ☐ Schmuck und Juwelen
- ☐ Computer und Bürogeräte
- ☐ Bargeld und Scheckkarten

Was passierte dem Mann?
- ☐ Er brach sich ein Bein
- ☐ Er schlief betrunken ein
- ☐ Er wurde ohnmächtig
- ☐ Er fiel die Treppe hinunter

Wer fand den Einbrecher?
- ☐ Der Bürgermeister
- ☐ Eine Reinmachefrau
- ☐ Der Direktor der Sparkasse
- ☐ Der Geschäftsinhaber

Wie viele Schwiegermütter muss der Mann angeblich ernähren?
☐ 1 ☐ 2 ☐ 3
☐ 4 ☐ 5 ☐ 6

8.5. Zahlen als Text: Bitte schreiben Sie die folgenden Zahlen als Text hin.

12 *zwölf*

23 ______________________

34 ______________________

45 ______________________

56 ______________________

67 ______________________

78 ______________________

89 ______________________

98 ______________________

123 ______________________

456 ______________________

789 ______________________

Wo war der Einbrecher eingestiegen:
□ Finanzamt
□ Rathaus
□ Juwelier
□ Kaufhaus
□ Sparkasse

Wie alt war der Einbrecher?
□ 21 J. □ 45 J. □ 68 J.

Was versuchte der Einbrecher zu stehlen?
□ Computer und Bürogeräte
□ Schmuck und Juwelen
□ Bargeld und Scheckkarten

Was passierte dem Mann?
□ Er brach sich ein Bein
□ Er wurde ohnmächtig
□ Er fiel die Treppe hinunter
□ Er schlief betrunken ein

Wer fand den Einbrecher?
□ Der Bürgermeister
□ Der Direktor der Sparkasse
□ Der Geschäftsinhaber
□ Eine Reinmachefrau

Wie viele Schwiegermütter muss der Mann angeblich ernähren?
□ 2
□ 4
□ 6

8.6. Leseverständnis: Sind die folgenden Aussagen eigentlich wahr?

Gelb ist eine Farbe.	[ ] Wahr [ ] Unsinn
Mit einem Hammer kann man musizieren.	[ ] Wahr [ ] Unsinn
Lampen haben eine Glühbirne.	[ ] Wahr [ ] Unsinn
Mit einem Radio wäscht man Kleidung.	[ ] Wahr [ ] Unsinn
Bienen können stechen.	[ ] Wahr [ ] Unsinn
Sekt wird aus Bier hergestellt.	[ ] Wahr [ ] Unsinn
Kühe geben Milch.	[ ] Wahr [ ] Unsinn
Schweine haben sechs Beine.	[ ] Wahr [ ] Unsinn
Brötchen isst man zum Frühstück.	[ ] Wahr [ ] Unsinn
Benzin tankt man in der Apotheke.	[ ] Wahr [ ] Unsinn
Tee kann man essen.	[ ] Wahr [ ] Unsinn
Eine Säge ist zum Bildermalen da.	[ ] Wahr [ ] Unsinn
Alle Männer tragen Röcke.	[ ] Wahr [ ] Unsinn
Mit der Zahnbürste kämmt man sich.	[ ] Wahr [ ] Unsinn
Apfelsaft ist ein Getränk.	[ ] Wahr [ ] Unsinn
Wasser fließt von oben nach unten.	[ ] Wahr [ ] Unsinn
Zum Bezahlen braucht man Geld.	[ ] Wahr [ ] Unsinn
Strom kommt aus der Steckdose.	[ ] Wahr [ ] Unsinn

Bitte beantworten Sie die Fragen zum Anfangstext:

Wo war der Einbrecher eingestiegen:
☐ Sparkasse
☐ Juwelier
☐ Kaufhaus
☐ Finanzamt
☐ Rathaus

Wie alt war der Einbrecher?
☐ 21 J. ☐ 45 J. ☐ 68 J.

Was versuchte der Einbrecher zu stehlen?
☐ Schmuck und Juwelen
☐ Bargeld und Scheckkarten
☐ Computer und Bürogeräte

Was passierte dem Mann?
☐ Er wurde ohnmächtig
☐ Er fiel die Treppe hinunter
☐ Er brach sich ein Bein
☐ Er schlief betrunken ein

Wer fand den Einbrecher?
☐ Der Bürgermeister
☐ Der Direktor der Sparkasse
☐ Der Geschäftsinhaber
☐ Eine Reinmachefrau

Wie viele Schwiegermütter muss der Mann angeblich ernähren?
☐ 3
☐ 6
☐ 9
☐ 12

8.7. Freies Zeichnen: Bitte zeichnen Sie ein elektrisches Gerät in das freie Feld unten.

Bitte beantworten Sie die Fragen zum Anfangstext:

Wo war der Einbrecher eingestiegen:
☐ Sparkasse
☐ Finanzamt
☐ Rathaus
☐ Juwelier
☐ Kaufhaus

Wie alt war der Einbrecher?
☐ 21 J. ☐ 45 J. ☐ 68 J.

Was versuchte der Einbrecher zu stehlen?
☐ Schmuck und Juwelen
☐ Computer und Bürogeräte
☐ Bargeld und Scheckkarten

Was passierte dem Mann?
☐ Er brach sich ein Bein
☐ Er schlief betrunken ein
☐ Er wurde ohnmächtig
☐ Er fiel die Treppe hinunter

Wer fand den Einbrecher?
☐ Der Bürgermeister
☐ Der Direktor der Sparkasse
☐ Der Geschäftsinhaber
☐ Eine Reinmachefrau

Wie viele Schwiegermütter muss der Mann angeblich ernähren?
☐ 1 ☐ 2 ☐ 3
☐ 4 ☐ 5 ☐ 6
☐ 7 ☐ 8 ☐ 9
☐ 10 ☐ 11 ☐ 12

8.8. Fehlende Buchstaben: Fehlt hier ein –SCH- oder ein –CH-? Bitte schreiben Sie die fehlenden Buchstaben in das Wort.

DA_____	HU_____EN	SA_____E
NA_____EN	ZI_____EN	RE_____NEN
SCHA_____	RA_____ELN	TA_____E
FLA_____E	A_____E	E_____E
FLE_____TEN	TI_____	_____INA
FI_____	FA_____	LA_____EN
BA_____	KRA_____EN	MA_____INE
NI_____E	ZE_____E	TU_____KASTEN
PA_____T	RA_____E	WA_____E
WA_____BECKEN	BE_____ER	MA_____E

Bitte beantworten Sie die Fragen zum Anfangstext:

Wo war der Einbrecher eingestiegen:
- ☐ Rathaus
- ☐ Sparkasse
- ☐ Finanzamt
- ☐ Juwelier
- ☐ Kaufhaus

Wie alt war der Einbrecher?
☐ 68 J. ☐ 78 J. ☐ 88 J.

Was versuchte der Einbrecher zu stehlen?
- ☐ Computer und Bürogeräte
- ☐ Schmuck und Juwelen
- ☐ Bargeld und Scheckkarten

Was passierte dem Mann?
- ☐ Er schlief betrunken ein
- ☐ Er brach sich ein Bein
- ☐ Er wurde ohnmächtig
- ☐ Er fiel die Treppe hinunter

Wer fand den Einbrecher?
- ☐ Eine Reinmachefrau
- ☐ Der Bürgermeister
- ☐ Der Direktor der Sparkasse
- ☐ Der Geschäftsinhaber

Wie viele Schwiegermütter muss der Mann angeblich ernähren?
- ☐ 3
- ☐ 4
- ☐ 5
- ☐ 6

8.9. Fehler-finden: Bitte streichen Sie alle Fehler an.

87 + 23 = 110	123 – 23 = 100	10 x 10 = 100
56 + 144 = 200	456 – 256 = 200	4 x 50 = 200
168 + 132 = 300	789 – 489 = 300	60 x 5 = 300
111 + 289 = 400	888 – 288 = 600	80 x 6 = 400
222 + 378 = 600	777 – 267 = 400	100 x 5 = 500
333 + 266 = 600	666 – 66 = 600	10 x 60 = 600
444 + 256 = 800	999 – 299 = 700	12 x 50 = 600
555 + 245 = 800	1.111 – 211 = 800	20 x 40 = 800
666 + 334 = 1.000	1.234 – 334 = 900	20 x 45 = 9.000
777 + 223= 1.000	1.567 – 567 = 1.000	40 x 25 = 1.000
888 + 212 = 1.100	1.890 – 790 = 1.100	25 x 50 = 1.250
999 + 201 = 1.200	1.222 – 122 = 1.100	15 x 80 = 1.200

Wo war der Einbrecher eingestiegen? *Ins R*______________________

Wie alt war der Einbrecher? *Er war* ________ *Jahre alt*

Was versuchte der Einbrecher zu stehlen? *C*________ *und B*________

Was passierte dem Mann? *Er schl*________________________

Wer fand den Einbrecher? *Die R*__________________________

Wieviele Schwiegermütter muss der Mann ernähren? ________________

8.10. Logisches Denken: Jede Reihe ist nach einem logischen Gesetz aufgebaut. Welches Zeichen müsste als nächstes folgen?

Erinnern Sie sich noch an den Anfangstext dieser Übung?

Wo war der Einbrecher eingestiegen? *Ins R*________________________

Wie alt war der Einbrecher? *Er war* ________ *Jahre alt*

Was versuchte er zu stehlen? *C*____________ *und B*______________

Was passierte dem Mann? *Er schl*______________________________

Wer fand den Einbrecher? *Die R*_________________________________

Wieviele Schwiegermütter muss der Mann ernähren? ________________

8.11. Rechtschreibung: Bitte setzen Sie die Buchstaben –ts-, -ds- oder –z- in die folgenden Worte ein.

Adven____kranz	Parlamen___gebäude	Pfeffermin___tee
Kin___kopf	Regimen___arzt	Existen___kampf
Umstan___kleid	Hohei___gebiet	Ambulan___raum
Rin___leder	Arbei___tag	Finan___amt
Hochzei___tag	Schie___richter	Provin___stadt
Arbei___amt	Lan___knecht	Audien___saal
Bereitschaf___dienst	Vorstan___mitglied	Glan___leistung
Wir___haus	Verban___kasten	Prin___gemahl
Assisten___arzt	Mutterschaf___urlaub	Pfun___kerl
Mün___einwurf	Sicherhei___nadel	Mitglie___beitrag
Tan___stunde	Ansich___karte	Abstan___summe
Schwan___spitze	Testamen___vollstrecker	Abschie___gruß
Karen___zeit	Gebur___tag	Win___braut
Konkurren___	Vorra___kammer	Elen___viertel

Erinnern Sie sich noch an den Anfangstext dieser Übung?

Wo war der Einbrecher eingestiegen? *Ins R*______________________

Wie alt war der Einbrecher? *Er war* ________ *Jahre alt*

Was versuchte er zu stehlen? *C*____________ *und B*____________

Was passierte dem Mann? *Er schl*_____________________________

Wer fand den Einbrecher? *Die R*______________________________

Wieviele Schwiegermütter muss der Mann ernähren? _______________

8.12. Sprüche ergänzen: Wie enden die folgenden Redewendungen?

1. Hunde, die bellen,	ein Sieb haben.	Ä
2. Viele Hunde sind	den Berg hinab fließen.	T
3. Jemandem ein paar	offen lassen.	V
4. Sich eine Hintertür	hinter die Ohren geben.	I
5. Etwas hoch und	des Hasen Tod.	N
6. Das ist ja zum	beißen nicht.	U
7. Jemanden hinter Schloss	heilig versprechen.	E
8. Gutes Geld	junge Hunde kriegen.	R
9. Nicht ganz richtig	und Riegel bringen.	S
10. Ein Gedächtnis wie	Schlechteren hinterher werfen.	I
11. Bis dahin muss noch viel Wasser	im Hinterstübchen sein.	T
12. Wie man in den Wald hineinruft,	vom Himmel gefallen.	Z
13. Der Schuss kann auch	ins Nest legen.	E
14. Nicht mehr wissen	die Kulissen werfen.	N
15. Es ist noch kein Meister	so schallt es heraus.	S
16. Jemandem ein Kuckucksei	nach hinten losgehen.	D
17. Einen Blick hinter	wo hinten und vorne ist.	O
18. Noch die Eierschalen	ist sein Himmelsreich.	U
19. Des Menschen Wille	im Dorf lassen.	R
20. Die Kirche	hinter den Ohren haben.	T

Wenn Sie hier die Buchstaben aus der letzten Spalte korrekt eintragen, können Sie anhand des Lösungswortes prüfen, ob Ihre Zuordnung stimmt.

1	2	3	4	5	6	7	8	9	10	11	12	13	14	15	16	17	18	19	20

Wo war der Einbrecher eingestiegen? *Ins R*____________________

Wie alt war der Einbrecher? *Er war* ________ *Jahre alt*

Was versuchte er zu stehlen? *C*__________ *und B*______________

Was passierte dem Mann? *Er schl*________________________

Wer fand den Einbrecher? *Die R*__________________________

Wieviele Schwiegermütter muss der Mann ernähren? ______________

8.13. Rechnen: Welche Aufgabe in jedem Turm hat ein anders Ergebnis als alle anderen?

3 • 7 + 9 =	100 – 1 =	3 • 33 – 99 =
2 • 10 + 10 =	33 • 3 =	110 • 2 – 220 =
2 • 9 + 12 =	66 + 33 =	55 + 25 – 80 =
4 • 10 – 10 =	55 + 44 =	86 : 2 – 43 =
2 • 25 – 20 =	198 : 2 =	77 – 17 – 60 =
70 – 40 =	20 + 50 + 29 =	23 • 3 – 69 =
90 – 70 + 10 =	22 • 4 + 11 =	24 • 2 – 48 =
3 • 11 – 3 =	168 – 69 =	72 : 4 – 18 =
2 • 15 =	55 • 2 – 11 =	90 : 3 – 30 =
135 – 105 =	10 • 11 – 11 =	62 • 2 – 124 =
3 • 18 – 24 =	5 • 20 – 1 =	94 + 17 – 111 =
54 : 2 + 3 =	6 • 30 – 81 =	19 • 5 – 95 =
3 •12 – 6 =	2 • 45 + 9 =	40 – 28 – 12 =
39 : 3 +17 =	77 + 23 – 1 =	55 + 44 – 99 =
99 : 3 – 3 =	130 : 2 + 34 =	55 – 44 – 11 =
45 : 3 + 15 =	66 – 65 + 98 =	17 • 5 – 85 =
57 – 17 – 10 =	9 • 7 + 36 =	120 – 75 – 45 =
76 – 16 : 2 =	9 • 9 + 18 =	100 : 4 – 25 =
7 • 7 – 19 =	10 • 7 + 29 =	11 • 6 – 66 =
10 : 5 • 15 =	150 : 2 + 24 =	27 • 2 – 54 =
27 : 9 • 10 =	90 : 3 + 69 =	4 • 25 – 100 =
55 : 5 + 19 =	110 : 2 + 44 =	44 : 11 – 4 =
40 • 2 – 50 =	99 – 99 + 99 =	300 : 2 – 150 =
96 – 68 + 2 =	99 • 1 =	8 • 15 – 110 =
33 + 33 – 36 =	6 • 6 + 66 =	43 • 2 – 86 =
72 : 2 – 16 =	990 : 10 =	94 + 6 – 100 =

Wo war der Einbrecher eingestiegen? ______________________________

Wie alt war der Einbrecher? ______________________________

Was versuchte er zu stehlen? ______________________________

Was passierte dem Mann? ______________________________

Wer fand den Einbrecher? ______________________________

Wieviele Schwiegermütter muss der Mann ernähren? ______________

8.14. Worte schreiben: Bitte schreiben Sie die fehlenden Worte in die Lücken:

der, der, der, der, die, die, die, die, ein, eine, eine, einem, einen, eines.

An _____ Brezelstand kommt _____ Mann vorbei, legt 50 Cent auf die Theke und geht weiter, ohne _____ Brezel zu nehmen. Am nächsten Tag kommt _____ Mann wieder vorbei, legt seine 50 Cent auf _____ Theke und nimmt wieder keine Brezel mit. So geht es drei Monate weiter. Jeden Tag kommt _____ Mann vorbei, bezahlt 50 Cent und nimmt keine Brezel. _____ Tages legt _____ Mann seine 50 Cent auf _____ Theke und will gerade wieder weitergehen, als ihn _____ Verkäuferin anspricht: "*Halt, mein Herr, _____ Moment bitte!*" - "*Ich wusste, dass Sie mich irgendwann fragen würden, warum ich nie _____ Brezel nehme*", sagt _____ Mann grinsend. "*Nein*", antwortet die Verkäuferin. "*Ich wollte Ihnen nur sagen, dass _____ Brezeln jetzt 60 Cent kosten.*"

Erinnern Sie sich noch an den Anfangstext dieser Übung?

Wo war der Einbrecher eingestiegen? ____________________

Wie alt war der Einbrecher? ____________________

Was versuchte der Einbrecher zu stehlen? ____________________

Was passierte dem Mann? ____________________

Wer fand den Einbrecher? ____________________

Wieviele Schwiegermütter muss der Mann ernähren? ____________________

8.15. Abzeichnen: Bitte zeichnen Sie die Grafik möglichst genau ab.

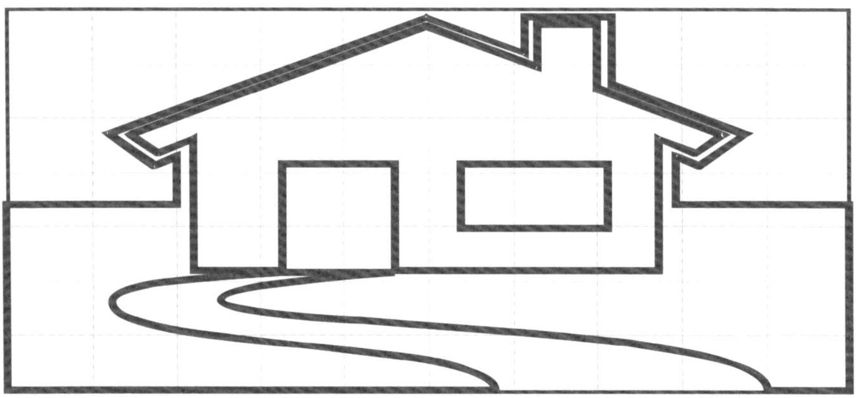

Wo war der Einbrecher eingestiegen? ______________________

Was versuchte der Einbrecher zu stehlen? ______________________

Was passierte dem Mann? ______________________

Wer fand den Einbrecher? ______________________

Wie alt war der Einbrecher? ______________________

Wieviele Schwiegermütter muss der Mann ernähren? ______________________

8.16. Geheimcode: Jede Zahl entspricht einem Buchstaben im Alphabet. Bitte übersetzen Sie den Geheimcode.

1 = A	9 = I	17 = Q	25 = Y
2 = B	10 = J	18 = R	26 = Z
3 = C	11 = K	19 = S	27 = Ä
4 = D	12 = L	20 = T	28 = Ö
5 = E	13 = M	21 = U	29 = Ü.
6 = F	14 = N	22 = V	
7 = G	15 = O	23 = W	
8 = H	16 = P	24 = X	

4	1	19

19	3	8	14	5	12	12	19	20	5

16	6	5	18	4

11	1	14	14

5	9	14

9	13

26	15	18	14

7	5	19	1	7	20	5	19

23	15	18	20

14	9	3	8	20

5	9	14	8	15	12	5	14	.
								.

Erinnern Sie sich noch an den Anfangstext dieser Übung?

Wo war der Einbrecher eingestiegen? ____________________

Wie alt war der Einbrecher? ____________________

Was versuchte der Einbrecher zu stehlen? ____________________

Was passierte dem Mann? ____________________

Wer fand den Einbrecher? ____________________

Wieviele Schwiegermütter muss der Mann ernähren? ____________________

8.17. Satz ergänzen: Bitte vervollständigen Sie die folgenden Sätze:

Es war dumm als ____________________.

Es war klug, dass ____________________.

Es war schön ____________________.

Es war hässlich ____________________.

Es war heiß ____________________.

Es war kalt ____________________.

Es war nett ____________________.

Es war grausam ____________________.

Es war erotisch ____________________.

Es war hartherzig ____________________.

Es war peinlich ____________________.

Es war passend ____________________.

Es war anders als ____________________.

Wo war der Einbrecher eingestiegen? ______________________

Wie alt war der Einbrecher? ______________________

Was versuchte der Einbrecher zu stehlen? ______________________

Was passierte dem Mann? ______________________

Wer fand den Einbrecher? ______________________

Wieviele Schwiegermütter muss der Mann ernähren? ______________________

8.18. Altgedächtnis: Schreiben Sie die Namen von möglichst vielen Politikern (deutsch oder international) hier auf:

____

____

____

____

____

____

____

8.19 Chinesisch-lernen: Energie, Erfolg, Familie, Feuer, Frühling, Kraft, Liebe, Mut, Mutter, Schicksal, Schönheit, Sex, Sommer, Tiger, Traum und Wasser. Was bedeuteten diese sechzehn Zeichen?

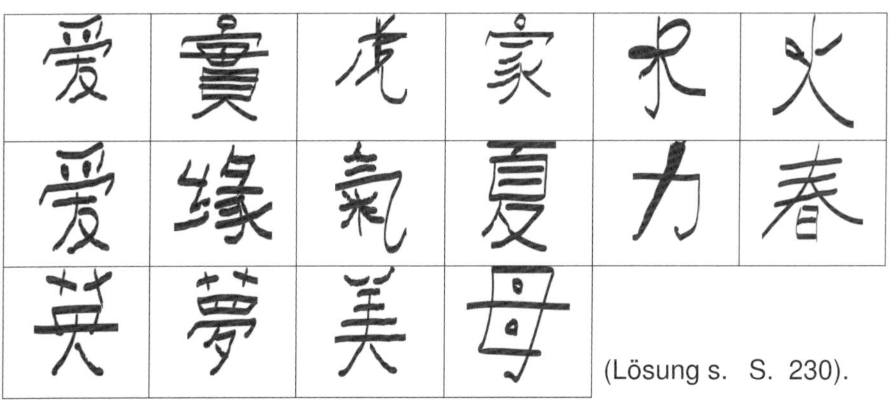

(Lösung s. S. 230).

Erinnern Sie sich noch an den Anfangstext dieser Übung?

Wo war der Einbrecher eingestiegen? ______________________

Wie alt war der Einbrecher? ______________________

Was versuchte der Einbrecher zu stehlen? ______________________

Was passierte dem Mann? ______________________

Wer fand den Einbrecher? ______________________

Wie viele Schwiegermütter muss der Mann ernähren? ______________________

8.20. Fehlende Rechenzeichen: Bitte setzen Sie in den folgenden Aufgaben die Rechenzeichen + (plus) oder – (minus) so ein, dass die Lösung an beiden Enden der Gleichung stimmt.

534 +	21 =	500 +	55	777	123 =	800	100
899 -	11 =	1.000 -	112	198	123 =	221	100
672	6 =	700	34	565	212 =	700	77
832	55 =	800	23	767	121 =	800	88
321	210 =	200	89	343	434 =	600	177
854	410 =	500	56	656	222 =	808	70
456	123 =	400	67	505	404 =	900	9
728	506 =	250	28	909	798 =	200	89
660	6 =	600	66	989	878 =	210	99
833	55 =	800	88	707	596 =	300	189
321	234 =	500	55	505	404 =	150	49
34	410 =	400	44	303	192 =	500	389
210	123 =	300	33	202	91 =	400	289
99	123 =	200	22	123	180 =	300	3
967	190 =	800	23	234	210 =	400	44
664	541 =	200	77	345	160 =	450	55
789	333 =	500	44	456	210 =	333	333
909	120 =	800	11	567	140 =	307	400
999	12 =	1.000	13	678	210 =	808	80

Wo war der Einbrecher eingestiegen? ______________________

Wie alt war der Einbrecher? ______________________

Was versuchte der Einbrecher zu stehlen? ______________________

Was passierte dem Mann? ______________________

Wer fand den Einbrecher? ______________________

Wieviele Schwiegermütter muss der Mann ernähren? ______________________

8.21. Worte ausdenken: Bitte schreiben Sie hier möglichst viele Worte mit dem Anfangsbuchstaben „I" und „J" hin (z.B. Igel, jagen, ...).

Wo war der Einbrecher eingestiegen? ________________

Wie alt war der Einbrecher? ________________

Was versuchte der Einbrecher zu stehlen? ________________

Was passierte dem Mann? ________________

Wer fand den Einbrecher? ________________

Wieviele Schwiegermütter muss der Mann ernähren? ________________

8.22. Textaufgaben: Bitte lösen Sie die folgenden Textaufgaben.

Ein Buch kostet 6,- €uro. Mareike kauft 3 Bücher. Was muss sie bezahlen? ________

Torsten kauft 6 Kriminalromane. Ein Buch kostet 8,- €uro. ________

Drei Bücher kosten 24,- €uro. Wie teuer ist ein Buch? ________

Tom hat 15,- €uro weniger als Gerd. Gerd hat 103,- €uro. Wie viel Geld hat Tom? ________

Claudia hat 1.000,- €uro. Sie hat 112,- €uro mehr als Birte. Wie viel Geld besitzt Birte? ________

Ulf hat 25,- €uro mehr als Olaf. Olaf hat 63,- €uro. Wie viel Geld hat Ulf? ________

Harald hat 520,- €uro. Er hat 360,- €uro weniger als Fred. Wie viel Geld hat Fred? ________

Ein Restaurant verbraucht pro Woche 126 kg Kartoffeln. Wie viel Kilo im Durchschnitt sind das pro Tag? ________

Herr Müller möchte das Planschbecken für seine Tochter füllen. Hierfür schleppt er 11 Eimer mit je 8 Litern Wasser in den Garten. Wie viel Liter Wasser sind im Becken? ________

Ein LKW wiegt 2,5 Tonnen. Mit Zuladung darf er höchstens 11,3 Tonnen wiegen. Wie viel Tonnen dürfen geladen werden? ________

Bei einer Buchhandlung wurden 11 Englischbücher zu je 8,00 €uro bestellt. ________

Lothar war 1,77 m groß. Im letzten Jahr ist er 6 cm gewachsen und in diesem schon 5 cm. ________

In der Jugendherberge übernachten Schulklassen mit 28 Kindern aus München, 22 Kindern aus Hamburg und 38 Kindern aus Berlin.

Bitte schreiben Sie hier noch einmal die Geschichte von dem Einbrecher hin. Was fällt Ihnen an Details ein?

ENDE 8. TEIL

9. ÜBUNG:

In Bar eingeparkt

St.Pauli (Hamburg): Eine Leichtverletzte und rund 20.000,- Euro Sachschaden – so ging der Versuch einer 21 Jahre alten Frau aus, am frühen Abend des 22. Februar ihren schneeweißen BMW in eine Parklücke einzuparken. Sie rammte zwei abgestellte PKWs, fuhr eine Parkuhr um und stieß dann in den Eingang einer angrenzenden Bar, wo der Wagen stecken blieb. Die Frau brach sich bei dem Unfall das Nasenbein. Eine vom Polizeiarzt durchgeführte Alkoholprobe erbrachte 2,3 Promille.

Bitte zeichnen Sie hier ein Bild von dem Unfall:

Bitte lesen Sie wie bei den bisherigen Übungen den Text wieder intensiv durch und bearbeiten Sie ihn durch Markieren der wichtigen Textteile. Stellen Sie sich das Geschehen gedanklich vor und versuchen Sie dann Fragen zu dem Text zu formulieren.

Wo geschah der Unfall?
- ☐ München - Schwabing
- ☐ Berlin - Kurfürstendamm
- ☐ Hamburg – St. Pauli

Wie viel Sachschaden entstand?
- ☐ 10.000,- €uro
- ☐ 20.000,- €uro
- ☐ 30.000,- €uro

Wie alt war die Frau?
☐ 21 ☐ 22 ☐ 23 Jahre

Wann geschah der Unfall?
- ☐ 21. Januar
- ☐ 22. Februar
- ☐ 23. März

Welches Auto verursachte den Unfall?
- ☐ Ein hellblauer Kleinwagen
- ☐ Ein weißer BMW
- ☐ Ein roter Lieferwagen

Wo blieb der Wagen stecken?
- ☐ Im Eingang zum Parkplatz
- ☐ Im Eingang einer Bar
- ☐ Im Eingang zum Zoo

Was brach sich die Frau?
- ☐ Nasenbein
- ☐ Schienbein
- ☐ Kreuzbein

Wie viel Promille Alkohol hatte die Frau?
☐ 2,3°/oo ☐ 3,3°/oo ☐ 4,3°/oo

9.1. Labyrinth: Finden Sie den Weg vom Start zum Ziel?

START

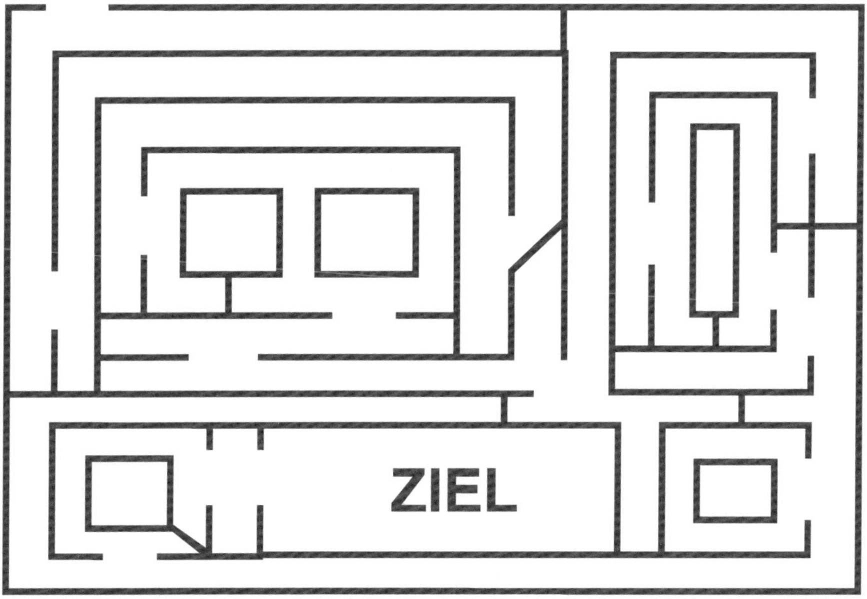

Wo geschah der Unfall?
- ☐ Hamburg – St. Pauli
- ☐ München - Schwabing
- ☐ Berlin - Kurfürstendamm

Wie viel Sachschaden entstand?
- ☐ 10.000,- €uro
- ☐ 20.000,- €uro
- ☐ 30.000,- €uro

Wie alt war die Frau?
- ☐ 21 Jahre
- ☐ 31 Jahre
- ☐ 41 Jahre

Wann geschah der Unfall?
- ☐ 11. Januar
- ☐ 22. Februar
- ☐ 03. März

Welches Auto fuhr die Frau?
- ☐ Ein weißer BMW
- ☐ Ein roter Lieferwagen
- ☐ Ein hellblauer Kleinwagen

Wo blieb der Wagen stecken?
- ☐ Im Eingang einer Bar
- ☐ Im Eingang zum Parkplatz
- ☐ Im Eingang zum Zoo

Was brach sich die Frau?
- ☐ Nasenbein
- ☐ Schienbein
- ☐ Kreuzbein

Wie viel Promille hatte die Frau?
- ☐ 2,3 Promille
- ☐ 3,3 Promille
- ☐ 4,3 Promille

9.2. Abzählen: Bitte zählen Sie alle Tiere, die auf zwei Beinen laufen und tragen Sie das Ergebnis für jede Zeile rechts ein.

Fasan Huhn Spatz Adler Flamingo Rebhuhn Falke
Hase Rotkehlchen Drossel Fink Star Papagei Lerche
Spinne Amsel Hund Eule Uhu Geier Pferd Reiher
Kanarienvogel Katze Wellensittich Sau Henne Hahn
Zebra Elefant Schnecke Qualle Ente Gans Pute
Ameise Mücke Fliege Sperling Storch Käfer Hase
Tausendfüßler Schmetterling Möwe Reh Wolf Fuchs
Kaninchen Kreuzspinne Floh Wildschwein Hirsch
Hai Wal Delphin Hering Kabeljau Dorsch Reiher
Weberknecht Rapskäfer Dachs Fledermaus Mensch
Ameise Kolibri Habicht Känguru Regenwurm
Regenwurm Sperling Nachtigall Möwe Schwalbe
Fasan Reiher Rotkehlchen Pfau Falke Biene

Wo geschah der Unfall?
- ☐ Hamburg – St. Pauli
- ☐ München - Schwabing
- ☐ Berlin - Kurfürstendamm

Wie viel Sachschaden entstand?
- ☐ 10.000,- €uro
- ☐ 20.000,- €uro
- ☐ 30.000,- €uro

Wie alt war die Frau?
- ☐ 21 Jahre
- ☐ 31 Jahre
- ☐ 41 Jahre

Wann geschah der Unfall?
- ☐ 11. Januar
- ☐ 22. Februar
- ☐ 03. März

Was für ein Auto verursachte den Unfall?
- ☐ Ein weißer BMW
- ☐ Ein roter Lieferwagen
- ☐ Ein hellblauer Kleinwagen

Wo blieb der Wagen stecken?
- ☐ Im Eingang einer Bar
- ☐ Im Eingang zum Parkplatz
- ☐ Im Eingang zum Zoo

Was brach sich die Frau?
- ☐ Nasenbein
- ☐ Schienbein
- ☐ Kreuzbein

Wie viel Promille Alkohol hatte die Frau?
- ☐ 2,3 Promille
- ☐ 3,3 Promille
- ☐ 4,3 Promille

9.3. Konzentration: Bitte schreiben Sie hier Worte hin, so dass das nächste Wort jeweils mit dem letzten Buchstabe des vorangegangenen Wortes beginnt.

*Konzentratio**n*** → ***N**ebe**l*** → ***L**ebe**n*** → ***N**ilpfer**d*** → ______

____

____

____

____

____

____

____

____

____

____

____

Erinnern Sie sich noch an den Anfangstext dieser Übung?

Wo geschah der Unfall?
- ☐ München - Schwabing
- ☐ Berlin - Kurfürstendamm
- ☐ Hamburg – St. Pauli

Wie viel Sachschaden entstand?
- ☐ 10.000,- €uro
- ☐ 20.000,- €uro
- ☐ 30.000,- €uro

Wie alt war die Frau?
☐ 21 ☐ 22 ☐ 23 Jahre

Wann geschah der Unfall?
- ☐ 21. Februar
- ☐ 22. Februar
- ☐ 23. Februar

Was für ein Auto fuhr die Frau?
- ☐ Ein roter BMW
- ☐ Ein weißer BMW
- ☐ Ein silbener BMW

Wo blieb der Wagen stecken?
- ☐ Im Eingang zum Parkplatz
- ☐ Im Eingang einer Bar
- ☐ Im Eingang zum Zoo

Was brach sich die Frau?
- ☐ Nasenbein
- ☐ Schienbein
- ☐ Kreuzbein

Wie viel Promille hatte die Frau?
☐ 2,3‰ ☐ 3,3‰ ☐ 4,3‰

9.4. Zahlen als Text: Bitte schreiben Sie die links stehenden Zahlen jeweils als Wort hin.

112 ______________________________

223 ______________________________

334 ______________________________

445 ______________________________

556 ______________________________

667 ______________________________

778 ______________________________

889 ______________________________

990 ______________________________

Wo geschah der Unfall?
- ☐ München - Schwabing
- ☐ Berlin - Kurfürstendamm
- ☐ Hamburg – St. Pauli

Wie viel Sachschaden entstand?
- ☐ 20.000,- €uro
- ☐ 30.000,- €uro
- ☐ 40.000,- €uro

Wie alt war die Frau?
☐ 21 ☐ 22 ☐ 23 Jahre

Wann geschah der Unfall?
- ☐ 21. Februar
- ☐ 22. Februar
- ☐ 23. Februar

Was für ein Auto verursachte den Unfall?
- ☐ Ein blauer BMW
- ☐ Ein weißer BMW
- ☐ Ein rosa BMW

Wo blieb der Wagen stecken?
- ☐ Im Eingang zum Parkplatz
- ☐ Im Eingang einer Bar
- ☐ Im Eingang zum Zoo

Was brach sich die Frau?
- ☐ Nasenbein
- ☐ Schienbein
- ☐ Kreuzbein

Wie viel Promille hatte die Frau?
☐ 2,3‰ ☐ 3,3‰ ☐ 4,3‰

9.5. Leseverständnis: Ist die folgende Aussage wahr oder völliger Unsinn?

Axel ist ein Mädchenname.	[ ] Wahr [ ] Unsinn
Anja ist ein Männername.	[ ] Wahr [ ] Unsinn
Bärbel ist ein Mädchenname.	[ ] Wahr [ ] Unsinn
Bernd ist ein Männername.	[ ] Wahr [ ] Unsinn
Christina ist ein Mädchenname.	[ ] Wahr [ ] Unsinn
Christian ist ein Männername.	[ ] Wahr [ ] Unsinn
Detlev ist ein Mädchenname.	[ ] Wahr [ ] Unsinn
Doris ist ein Männername.	[ ] Wahr [ ] Unsinn
Erik ist ein Mädchenname.	[ ] Wahr [ ] Unsinn
Erika ist ein Männername.	[ ] Wahr [ ] Unsinn
Franziska ist ein Mädchenname.	[ ] Wahr [ ] Unsinn
Franz ist ein Männername.	[ ] Wahr [ ] Unsinn
Gunda ist ein Mädchenname.	[ ] Wahr [ ] Unsinn
Gustav ist ein Männername.	[ ] Wahr [ ] Unsinn
Hannah ist ein Mädchenname.	[ ] Wahr [ ] Unsinn
Hans ist ein Männername.	[ ] Wahr [ ] Unsinn
Jürgen ist ein Mädchenname.	[ ] Wahr [ ] Unsinn
Janine ist ein Männername.	[ ] Wahr [ ] Unsinn

Wo war der Unfall, der am Anfang dieser Übung beschrieben worden war? In Hamburg-...................

Wie viel Sachschaden entstand? .... Tausend €uro

Wie alt war die Frau? .... Jahre

Wann geschah der Unfall? Am ....Februar

Was für ein Auto verursachte den Unfall? Ein weißer ....

Wo blieb der Wagen stecken? Im Eingang einer ....

Was brach sich die Frau? Das ....bein

Wie viel Promille Alkohol hatte die Frau? .... Promille

9.6. Freies Zeichnen: Was halten Sie von moderner Kunst? Bitte zeichnen Sie ein abstraktes Bild nach freier Wahl in das Feld hier unten. Es soll nur Formen enthalten und keine Gegenstände oder Figuren.

Wo war der Unfall?
In Hamburg-..................

Wie viel Sachschaden entstand? .... Tausend €uro

Wie alt war die Frau? .... Jahre

Wann geschah der Unfall? Am ....Februar

Was für ein Auto verursachte den Unfall? Ein weißer ....

Wo blieb der Wagen stecken? Im Eingang einer ....

Was brach sich die Frau? Das ....bein

Wie viel Promille Alkohol hatte die Frau? .... Promille

9.7. Chinesisch-lernen: Bitte zeichnen Sie diese chinesischen Schriftzeichen ab und merken Sie sich ihre Bedeutung.

 Glück		 Reichtum	

9.8. Fehlende Buchstaben: Welcher Gegenstand ist gemeint? Bitte schreiben Sie die letzten drei fehlenden Buchstaben ans Ende.

Tele____	Compu_____	Bleist_____
Kopfhö_____	Fernse_____	Rasierappa_____
Aktenord_____	Waschmasch____	Blument_____
Badezim____	Landka_____	Zahnbür_____
Leseb____	Kombiza_____	Bilderrah_____
Kühlschr____	Steckd_____	Hubschrau_____
Tepp_____	Briefumsch_____	Lastwa_____
Mikros_____	Kaffeeka_____	Flugz_____
Terminkalen_____	Bilderrah_____	Taschenrech_____

Wo geschah der Unfall, der am Anfang dieser Übung beschrieben worden war?
In Hamburg-...................

Wie viel Sachschaden entstand? .... Tausend €uro

Wie alt war die Frau? .... Jahre

Wann geschah der Unfall? Am ....Februar

Was für ein Auto verursachte den Unfall? Ein weißer ....

Wo blieb der Wagen stecken? Im Eingang einer ....

Was brach sich die Frau? Das ....bein

Wie viel Promille Alkohol hatte die Frau? .... Promille

9.9. Fehler-finden: In jeder Zeile ist ein Rechtschreibfehler:

Frauke Johannsen hat schon seid langem den Verdacht, dass ihr Mann mit der attraktiwen, alleinstehenden Mutter eines dreijährigen Kindes flirtet, die nebenan wohnt. Aber wenn sie ihn darauf anschpricht, dann lehnt er es entrüstet ab und leuhgnet alles. Nun muss sie zwei Wochen zu einer Fortbildung fahren. Nur ungene lässt sie ihren Mann alleine zu Hause zurück, Tür an Tür mit der flotten Nachbahrin.

Kaum ist sie weg, kann der Man seinen Autoschlüssel nicht mehr finden. Er wahr sich ganz sicher, dass sie auf dem Küchentisch lagen und sucht alles ab, kann aber absolut nichts entdeken. Er fährt drei Tage lang entnervt mit dem Bus zur Arbeit und sucht am Abends erfolglos wieder alles nach dem Autoschlüssel ab. Schliesslich schreibt er seiner Frau eine SMS auf das Handie: *"Liebe Frauke, ich sage nicht, Du hast meinen Autoschlüssel mitgenommmen und ich sage auch nicht, Du hast sie nicht mitgenommen. Aber der Punckt ist, seit Du abgereist bist, ist mein Autoschlüssell weg. In Liebe, Dein Johannes."*

Am näschten Morgen erhält Johannes per SMS die Antwort von seiner Frau, in der er ließt: *"Lieber Johannes, ich sage nicht, dass Du mit unserer Nachbahrin schläfst, und ich sage auch nicht, dass Du nicht mit ihr schläfst. Aber der Punckt ist, wenn Du in Deinem eigenen Bett geschlafen hättest, hättetest Du die Autoschlüssel schon längst gefunden. Bis dannn, Frauke."*

Wo geschah der Unfall? ______________________________

Wie viel Sachschaden entstand? ______________________________

Wie alt war die Frau? ______________________________

Wann geschah der Unfall? ______________________________

Was für ein Auto verursachte den Unfall? ______________________________

Wo blieb der Wagen stecken? ______________________________

Was brach sich die Frau? ______________________________

Wie viel Promille Alkohol hatte die Frau? ______________________________

9.10. Logisches Denken: Welches Zeichen müsste am Ende stehen?

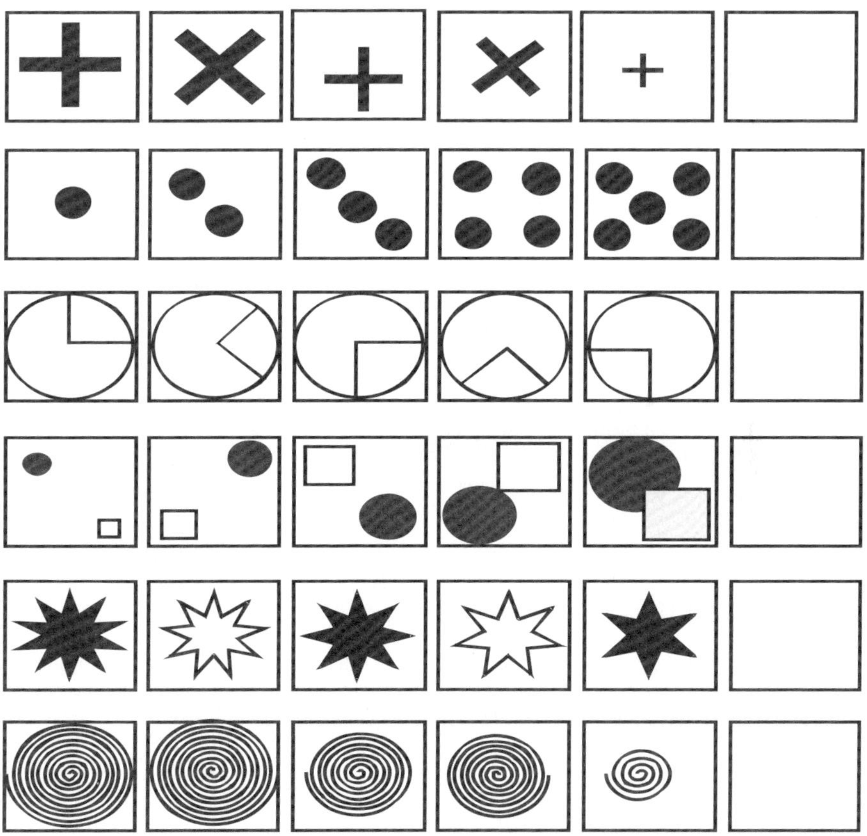

Wo geschah der Unfall? ____________________

Wie viel Sachschaden entstand? ____________________

Wie alt war die Frau? ____________________

Wann geschah der Unfall? ____________________

Was für ein Auto verursachte den Unfall? ____________________

Wo blieb der Wagen stecken? ____________________

Was brach sich die Frau? ____________________

Wie viel Promille Alkohol hatte die Frau? ____________________

9.11. Rechtschreibung: Bitte setzen Sie die Buchstaben –x-, -chs- oder –cks- bzw. –ks- in die folgenden Worte ein.

Das Wa____	Der Kle____	Der Te____t
Der O____e	Der Kni____	Das Ta____i
Die Bü____e	Strohhä____el	Die He____e
Die Zahl se____	Der Kna____	Das Kruzifi____
Die A____e	Ein Stück Ko____	Das Le____ikon
Der Fu____	Nach lin____	Der Bo____er
Der Sa____e	Der Ke____	Das E____amen
Die A____t	Die Eide____e	schnurstra____
Die Ni____e	Der La____	aufmu____en
Der E____press	Staat Sa____en	hinterrü____
Se____ualität	Das Wa____tum	schla____ig
Ple____iglas	Die A____el	Er kle____t
Die Pra____is	Der Da____	Ke____dose
Te____tilfabrik	Der Dre____ler	Lin____kurve

Wo geschah der Unfall? ____________Was brach sich die Frau? _______ Wie viel Promille Alkohol hatte sie? __________ Wie alt war die Frau? _________ Wie viel Sachschaden entstand? ______ Wann geschah der Unfall? _____Was für ein Auto verursachte den Unfall? ______Wo blieb der Wagen stecken? ______________________________________

9.12. Sprüche ergänzen: Wie enden die folgenden Redewendungen?

1. Das Glück ist	beißen die Hunde.	C
2. Den Letzten	bringt Segen.	R
3. Der frühe Vogel	der beste Koch.	W
4. Durch Schaden	desto schwerer der Fall.	E
5. Ein blindes Huhn	fällt selbst hinein	A
6. Eine Schwalbe	fängt den Wurm.	H
7. Hunger ist	findet auch mal ein Korn.	C
8. Je höher der Baum,	hat Gold im Mund.	T
9. Jeder kehre	ist auch ein Weg.	N
10. Kinder und Narren	lernt Hans nimmer mehr.	H
11. Kindermund	machen Leute.	E
12. Kleider	macht noch keinen Sommer.	H
13. Man soll den Mund nicht	mahlt zuerst.	F
14. Man soll den Tag nicht	mit den Dummen.	S
15. Morgenstund	Pack verträgt sich.	E
16. Pack schlägt sich,	sagen die Wahrheit.	T
17. Sich regen	so ich Dir.	T
18. Überfluss schafft	so liegt man.	E
19. Viel gewinnt,	tut Wahrheit kund.	M
20. Was Hänschen nicht lernt	Überdruss.	S
21. Wer andern eine Grube gräbt,	vor dem Abend loben.	S
22. Wer zuerst kommt,	vor seiner eigenen Tür.	L
23. Wie Du mir,	wer frisch beginnt.	C
24. Wie man sich bettet,	wird man klug.	A
25. Wo ein Wille ist,	zu voll nehmen.	I

Wenn Sie hier die Buchstaben aus der letzten Spalte korrekt eintragen, können Sie anhand des Lösungswortes prüfen, ob Ihre Zuordnung stimmt.

1	2	3	4	5	6	7	8	9	10	11	12	13	14	15	16	17	18	19	20	21	22	23	24	25
S																								

Wo geschah der Unfall? ______________________________

Was brach sich die Frau? ______________________________

Wie viel Promille Alkohol hatte die Frau? ____________________

Wie viel Sachschaden entstand? __________________________

Wie alt war die Frau? ________________________________

Wann geschah der Unfall? ______________________________

Was für ein Auto verursachte den Unfall? ____________________

Wo blieb der Wagen stecken? ___________________________

9.13. Rechnen: Bei welchen der folgenden Aufgaben kommt <u>nicht</u> Null heraus?

17 – 5 + 18 + 27 + 3 - 32 + 42 – 70 =

35 - 18 + 33 + 13 + 15 - 28 - 50 =

44 + 16 - 34 + 33 + 17 - 50 - 26 =

63 - 21 - 32 + 28 + 22 - 19 - 41 =

89 - 45 - 34 + 43 + 27 - 32 - 48 =

23 - 8 + 35 + 50 - 32 - 48 - 20 + 5 =

32 + 48 - 32 - 48 + 54 - 33 + 21 - 42 =

69 + 21 + 10 + 5 - 69 - 21 - 5 - 10 =

80 + 33 + 44 - 77 + 66 - 44 - 22 - 80 =

72 - 9 - 9 - 9 - 9 - 9 - 9 - 9 - 9 =

7 + 7 + 7 + 7 + 7 + 7 + 7 + 7 + 7 + 7 - 70 =

11 + 12 + 13 + 14 + 15 + 16 + 17 - 98 =

Wo geschah der Unfall? ___________________________

Wie viel Sachschaden entstand? ___________________________

Wie alt war die Frau? ___________________________

Wann geschah der Unfall? ___________________________

Was für ein Auto verursachte den Unfall? ___________________________

Wo blieb der Wagen stecken? ___________________________

Was brach sich die Frau? ___________________________

Wie viel Promille Alkohol hatte die Frau? ___________________________

9.14. Worte schreiben: Bitte setzen Sie folgende Worte so in den Lückentext ein, dass der Witz einen Sinn ergibt.

Adler, Briefkasten, Igel, Schlange, Schwein, Stinktier.

Unterhalten sich drei Jungen auf dem Schulhof.

Sagt der erste: "*Mein Vater hat eine _______ mit einem ________ gekreuzt, da hatte er 10 Meter Stacheldraht.*"

Sagt der zweite: "*Das ist doch noch gar nichts. Mein Vater hat ein _______ mit einem _________ gekreuzt. Jetzt hat er ein Sparschwein.*"

Sagt der dritte: "*Mein Vater hat einen _______ mit einem ______________ gekreuzt.*"

"*Und, was kam raus?*"

"*Weiß er auch noch nicht, aber es stinkt zum Himmel!*"

Wo geschah der Unfall? ____________________

Was brach sich die Frau? ____________________

Wie viel Promille Alkohol hatte die Frau? ____________________

Wie viel Sachschaden entstand? ____________________

Wie alt war die Frau? ____________________

Wann geschah der Unfall? ____________________

Was für ein Auto verursachte den Unfall? ____________________

Wo blieb der Wagen stecken? ____________________

9.15. Abzeichnen: Bitte zeichnen Sie die Grafik möglichst genau ab.

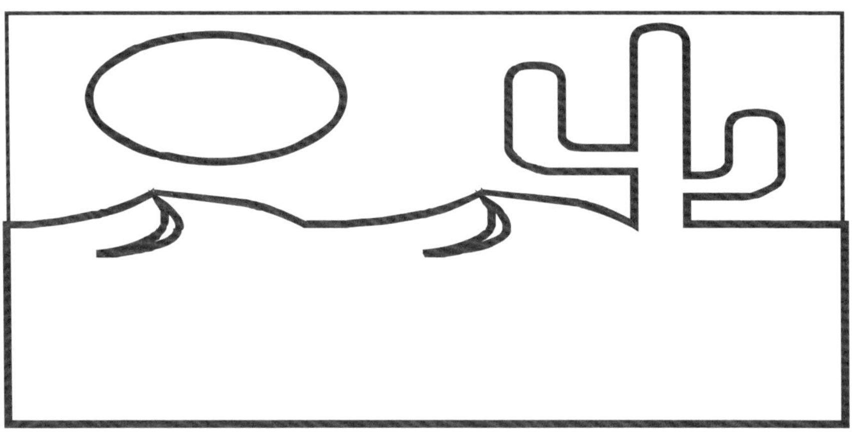

Wo geschah der Unfall? ____________________

Wie viel Sachschaden entstand? ____________________

Wie alt war die Frau? ____________________

Wann geschah der Unfall? ____________________

Was für ein Auto verursachte den Unfall? ____________________

Wo blieb der Wagen stecken? ____________________

Was brach sich die Frau? ____________________

Wie viel Promille Alkohol hatte die Frau? ____________________

9.16. Geheim Code: Was sagt das chinesische Orakel heute? Jede Zahl entspricht einem Buchstaben im Alphabet. Bitte übersetzen Sie den Geheimcode.

1 = A	7 = G	13 = M	19 = S	25 = Y
2 = B	8 = H	14 = N	20 = T	26 = Z
3 = C	9 = I	15 = O	21 = U	27 = Ä
4 = D	10 = J	16 = P	22 = V	28 = Ö
5 = E	11 = K	17 = Q	23 = W	29 = Ü.
6 = F	12 = L	18 = R	24 = X	

4	5	18

4	21	13	13	5

12	5	18	14	20

1	21	19

19	5	9	14	5	14

6	5	8	12	5	18	14	,
							,

4	5	18

11	12	21	7	5

1	21	19

4	5	14

6	5	8	12	5	18	14

1	14	4	5	18	5	18	.
							.

Wo geschah der Unfall? ____________________

Wie viel Sachschaden entstand? ____________________

Wie alt war die Frau? ____________________

Wann geschah der Unfall? ____________________

Was für ein Auto verursachte den Unfall? ____________________

Wo blieb der Wagen stecken? ____________________

Was brach sich die Frau? ____________________

Wie viel Promille Alkohol hatte die Frau? ____________________

9.17. Satz ergänzen: Bitte vervollständigen Sie die folgenden Satzanfänge sinnvoll.

Ich fand es gut, dass ich ____________________

____________________.

Mir war nicht wohl, als ich ____________________

____________________.

Ich hatte Angst ____________________

____________________.

Ich war sehr mutig ____________________

____________________.

Ich fand mühsam ____________________

____________________.

Es war mir peinlich ____________________

____________________.

Mir wurde ganz heiß ____________________

____________________.

Es macht mich wütend ____________________

____________________.

Ich war traurig ____________________

Ich war verliebt ____________________.

Wo geschah der Unfall? ______________________________

Wie viel Sachschaden entstand? ______________________________

Wie alt war die Frau? ______________________________

Wann geschah der Unfall? ______________________________

Was für ein Auto verursachte den Unfall? ______________________________

Wo blieb der Wagen stecken? ______________________________

Was brach sich die Frau? ______________________________

Wie viel Promille Alkohol hatte die Frau? ______________________________

9.18. Altgedächtnis: Wo waren Sie schon überall? Schreiben Sie möglichst viele Städte und Urlaubsorte auf, an denen Sie einmal selbst gewesen sind:

____

____

____

____

____

9.19 Chinesisch-lernen: Energie, Erfolg, Familie, Feuer, Frühling, Glück, Kraft, Liebe, Mut, Mutter, Reichtum, Schicksal, Schönheit, Sex, Sommer, Tiger, Traum und Wasser. Was bedeuteten diese achtzehn Zeichen? (Lösung siehe S. 230).

Erinnern Sie sich noch an den Anfangstext dieser Übung?

Wo geschah der Unfall? ____________________

Wie viel Sachschaden entstand? ____________________

Wie alt war die Frau? ____________________

Wann geschah der Unfall? ____________________

Was für ein Auto verursachte den Unfall? ____________________

Wo blieb der Wagen stecken? ____________________

Was brach sich die Frau? ____________________

Wie viel Promille Alkohol hatte die Frau? ____________________

9.20. Fehlende Rechenzeichen: Bitte setzen Sie in den folgenden Aufgaben die Rechenzeichen + (plus) oder – (minus) so ein, dass die Lösung am Ende stimmt.

8 + 5 + 3 = 16	11 7 1 = 3	18 12 4 = 2
8 + 5 - 3 = 10	11 7 1 = 5	18 12 4 = 34
8 5 3 = 6	11 7 1 = 19	18 12 4 = 10
8 5 3 = 0	11 7 1 = 17	18 12 4 = 26
9 4 5 = 10	13 6 4 = 23	20 5 11 = 4
9 4 5 = 0	13 6 4 = 3	20 5 11 = 36
9 4 5 = 18	13 6 4 = 15	20 5 11 = 14
9 4 5 = 8	13 6 4 = 11	20 5 11 = 26
12 3 6 = 3	15 12 3 = 0	21 9 9 = 39
12 3 6 = 15	15 12 3 = 6	21 9 9 = 21
12 3 6 = 9	15 12 3 = 30	21 9 9 = 3
12 3 6 = 21	15 12 3 = 24	21 9 19 = 49

Wo geschah der Unfall? ________________________________

Wie viel Sachschaden entstand? ___________________________

Wie alt war die Frau? _________________________________

Wann geschah der Unfall? ______________________________

Was für ein Auto verursachte den Unfall? __________________

Wo blieb der Wagen stecken? ____________________________

Was brach sich die Frau? _______________________________

Wie viel Promille Alkohol hatte die Frau? _________________

9.21. Worte ausdenken: Bitte schreiben Sie hier möglichst viele Worte hin, die mit dem Buchstaben „-n“ aufhören (z.B. Mann, Ägypten, schön, laufen, ...).

Erinnern Sie sich noch an den Anfangstext dieser Übung?

Wo geschah der Unfall? ______________________________

Wie viel Sachschaden entstand? ______________________________

Wie alt war die Frau? ______________________________

Wann geschah der Unfall? ______________________________

Was für ein Auto verursachte den Unfall? ______________________________

Wo blieb der Wagen stecken? ______________________________

Was brach sich die Frau? ______________________________

Wie viel Promille Alkohol hatte die Frau? ______________________________

9.22. Textaufgaben: Bitte lösen Sie die folgenden Textaufgaben.

In der Birkenallee wohnen 90 Kinder, in der Ulmenstraße sind es 70 Kinder und im Lindenweg 62.	
Jelena hat schon 186 Seiten in ihrem Buch gelesen, nun sind nur noch 35 Seiten übrig. Wie viele Seiten hat das Buch?	
Dr. Müller-Schmidt hat drei Bücherregale. Im ersten stehen 77 Bücher, im zweiten sind es 83 und im dritten 60.	
Tim bekommt 18,50 €uro Taschengeld pro Monat. Wie viel ist das im Jahr?	
Der Getränkewagen hat 73 Kästen Bier, 77 Kästen Mineralwasser und 71 Kästen Saft geladen.	
Emma hat Freitag 94 Minuten Fernsehen geschaut, Samstag 106 Minuten, am Sonntag aber nur 20 Minuten.	
Frau Schnellmeyer ist um 14:10 in Lübeck losgefahren und um 17:52 Uhr in Frankfurt angekommen. Wie viele Minuten war sie unterwegs?	
Letztes Jahr wog das Elefantenbaby 625 kg. Heute bringt es 846 kg auf die Waage.	
Am Montagmorgen zeigte der Tacho des Autos 54.321 km an. Am Sonntagabend waren es 54.541 km. Wie viel ist Herr Müller in dieser Woche gefahren?	
Herbert ist 56 Jahre alt, sein Freund Willi ist 64, Bernd hat gerade seinen 49. Geburtstag gefeiert und Torsten ist 53 Jahre alt. Wie alt sind sie zusammen?	

Was wissen Sie noch über den Verkehrsunfall? Bitte schreiben Sie hier alles auf, was Ihnen einfällt:

E N D E 9. TEIL

10. Übung: **Gedicht lernen**

Ein Gedicht auswendig zu lernen, erfordert völlig andere Gedächtnisfunktionen. Es geht nun nicht mehr darum, nur den inhaltlichen Sinn zu erfassen, sondern man muss das Gedicht Zeile für Zeile auswendig lernen. Das geht nur durch stetige Wiederholung. Beginnen Sie mit den ersten beiden Zeilen dieses Gedichts von Joachim Ringelnatz und wiederholen Sie diese so oft, bis sie den Satz richtig aufsagen können. Machen Sie dann mit den folgenden zwei Zeilen weiter. Wenn Sie diese können, erst dann widmen Sie sich dem Ende.

In Hamburg lebten zwei Ameisen,
die wollten nach Australien reisen.
Bei Altona auf der Chaussee,
da taten ihnen die Beine weh.
Und da verzichteten sie weise
dann auf den letzten Teil der Reise.

Bitte zeichnen Sie hier ein Bild von den beiden Ameisen:

Bitte fügen Sie die fehlenden Worte ein:

In Hamburg lebten zwei ________,
die wollten nach ________ reisen.
Bei ________ auf der Chaussee,
da taten ihnen die ________ weh.
Und da __________ sie weise
dann auf den letzten Teil der _____.

10.1. Labyrinth: Finden Sie den Weg durch folgendes Labyrinth? Versuchen Sie, mit dem Stift die Wände nicht zu berühren.

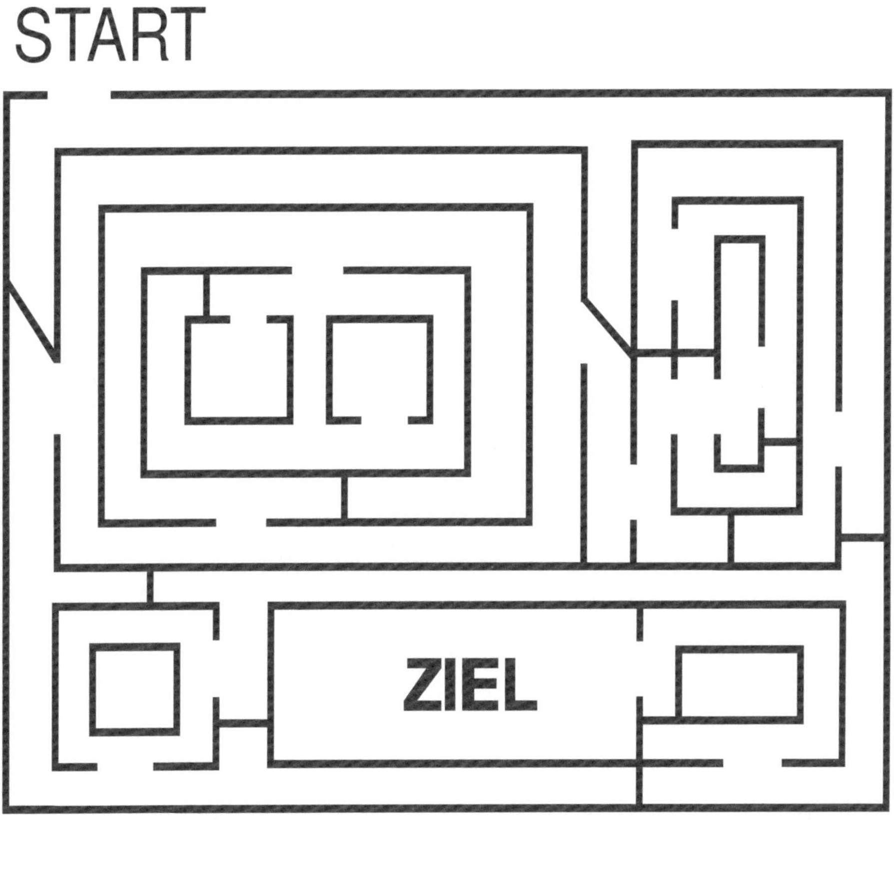

Bitte fügen Sie die fehlenden Worte ein:

In _________ lebten zwei Ameisen,
die _________ nach Australien reisen.
Bei Altona auf der ___________,
da ________ ihnen die Beine weh.
Und da verzichteten sie _______
dann auf den letzten _______ der Reise.

10.2. Abzählen: Bitte zählen Sie alle Worte, die KEIN –n- enthalten und tragen Sie das Ergebnis für jede Zeile rechts ein.

Bein Ende Schwein reden Segel rund Jan
Rand Eber hinter Mann Wand Kante Adler
Kinn Anton Rind Hirsch Reh Kitz Band Ton
Skizze Waffel laufen nagen Buch bunt gut
gelb Schlips Sirup Schnaps Gips Kloß und
Sorge Blatt Dach Haft Zelt Gold Mähne nett
Mädchen erkennen Garten Zentner Geländer
Scherz Strähne Gelenk Mund suchen kein
Fähre Kranz Tanz schnell Stöpsel Schund
Not Moos Optiker Kiefer hören Nixe Engel
Physik neben Biologie schieben Chemie mit
Band Kind Chemie Stab Kälte Rot Lampe
reich Säge Stift Lampe Buch August Regen
sagen leben anders Telefon Henne Nilpferd
hüpfen radeln Babel treiben Schrank Dank
Computer Lok oben munter Schlund rund
Mahnung Neger Steckdose zart Auto unten
Scanner Halterung bis Strauß Faust Rede
nackt Block Kopfhörer Amt Fahrrad Imbiss
Wurst dick Durst Genick schick Horst Blick

Bitte fügen Sie die fehlenden Worte ein:

In Hamburg lebten ___________,
die wollten nach _____________.
Bei Altona auf _____________,
da taten ihnen die ___________.
Und da verzichteten ___________
dann auf den letzten ___________.

10.3. Konzentration: Bitte prüfen Sie den nachstehenden Kassenbericht. Ist alles richtig?

	2008	2009	2010
Arbeitskleidung	350,- €	270,- €	160,- €
Arbeitsmaterial	50,- €	100,- €	100,- €
Bankgebühren	30,- €	30,- €	40,- €
Batterien	10,- €	10,- €	20,- €
Bücher	10,- €	40,- €	80,- €
Bürobedarf	50,- €	50,- €	80,- €
Büro-Möbel	500,- €	1.000,- €	320,- €
Fachzeitschrift	80,- €	80,- €	80,- €
PC-Software	20,- €	20,- €	20,- €
Porto	60,- €	50,- €	110,- €
Reinigungsmittel	40,- €	50,- €	90,- €
Renovierung	800,- €	0,- €	0,- €
Reparaturen	200,- €	400,- €	630,- €
Schreibwaren	30,- €	50,- €	70,- €
Seife	20,- €	50,- €	20,- €
Sonstiges	150,- €	10,- €	80,- €
Strom	100,- €	190,- €	220,- €
Telefon	40,- €	30,- €	30,- €
Versicherung	1.060,- €	1.170,- €	1.450,- €
WC-Papier	50,- €	50,- €	50,- €
GESAMT	**3.650,- €**	**3.650,- €**	**3.650,- €**

Bitte fügen Sie die fehlenden Worte ein:

In Hamburg ____________________,
die wollten ____________________.
Bei Altona ____________________,
da taten ____________________.
Und da ____________________
dann auf ____________________.

10.4. Zahlen als Text: Bitte schreiben Sie die folgenden Worte als Zahl.

Neun ____________
Neunzig ____________
Neunundneunzig ____________
Neunhundert ____________
Neunhundertneunzig ____________
Neunhundertneunundneunzig ____________
Neuntausend ____________
Neuntausendundneun ____________
Neuntausendneunundneunzig ____________
Neuntausendneunhundertneunundneunzig ____________
Neunzigtausend ____________
Neunundneunzigtausend ____________
Neunundneunzigtausendneunhundert ____________

Bitte fügen Sie die fehlenden Worte ein:

In Hamburg lebten zwei Ameisen,

____

Bei Altona auf der Chaussee,

____

Und da verzichteten sie weise

____

10.5. Leseverständnis: Ist die folgende Aussage wahr oder völliger Unsinn?

120 Minuten sind zwei Stunden.	[ ] Wahr	[ ] Unsinn
56 Tage sind acht Wochen.	[ ] Wahr	[ ] Unsinn
2.000 Gramm sind 2 Kilogramm.	[ ] Wahr	[ ] Unsinn
48 Stück sind vier Dutzend.	[ ] Wahr	[ ] Unsinn
14 Paare sind 28 Stück.	[ ] Wahr	[ ] Unsinn
Fünf Kilometer sind 5.000 Meter.	[ ] Wahr	[ ] Unsinn
Drei Zentner sind 150 Kilogramm.	[ ] Wahr	[ ] Unsinn
360 Sekunden sind 8 Minuten.	[ ] Wahr	[ ] Unsinn
96 Stunden sind drei Tage.	[ ] Wahr	[ ] Unsinn
Fünf Pfund sind 1,5 Kilogramm.	[ ] Wahr	[ ] Unsinn
Vom 28.12. bis 4.1 sind 6 Tage.	[ ] Wahr	[ ] Unsinn
10:55 bis 13:05 Uhr sind 3 Std. 10 min.	[ ] Wahr	[ ] Unsinn
Eine Tonne sind 10.000 Kilogramm.	[ ] Wahr	[ ] Unsinn
Ein Hektar sind 1.000 Quadratkilometer.	[ ] Wahr	[ ] Unsinn
60 km/h sind 1 km pro Minute.	[ ] Wahr	[ ] Unsinn
1 Kubikmeter sind 1.000 Liter.	[ ] Wahr	[ ] Unsinn
1 Liter sind 1.000 Kubikzentimeter.	[ ] Wahr	[ ] Unsinn
Volt ist die Maßzahl für Spannung.	[ ] Wahr	[ ] Unsinn
Watt ist die Maßzahl für Stromstärke.	[ ] Wahr	[ ] Unsinn
Ohm ist die Maßzahl für Widerstände	[ ] Wahr	[ ] Unsinn
Mit Lichtjahren misst man Entfernungen.	[ ] Wahr	[ ] Unsinn

Bitte fügen Sie die fehlenden Worte ein:

In ______________________________

die wollten nach Australien reisen.

____

da taten ihnen die Beine weh.

____

dann auf den letzten Teil der Reise.

10.6. Freies Zeichnen: Bitte zeichnen Sie ein Fahrrad in das freie Feld unten.

Bitte schreiben Sie das Gedicht hier hin:

____________________________ Ameisen,

____________________________ reisen.

____________________________ Chaussee,

____________________________ weh.

____________________________ weise

____________________________ Reise.

10.7. Chinesisch-lernen: Bitte zeichnen Sie diese chinesischen Schriftzeichen ab und merken Sie sich ihre Bedeutung.

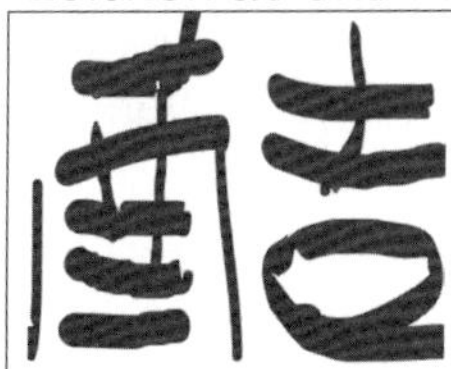 Wind		 Schiff	

10.8. Fehlende Buchstaben: Welche Blumen sind gemeint? Bitte schreiben Sie die fehlenden Buchstaben in die Worte.

___änseblümche___	___eilche___	___iste___
___tiefmütterche___	___arziss___	___ladiol___
___ergissmeinnich___	___egoni___	___zale___
___chneeglöckche___	___erani___	___fingstros___
___lpenveilche___	___rchide___	___elk___
___utterblum___	___roku___	___ulp___
___onnenblum___	___ortensi___	___ili___
___delwei___	___lockenblum___	___os___
___usteblum___	___liede___	___oh___
___eeros___	___hrysanthem___	___ahli___

Bitte schreiben Sie das Gedicht hier hin:

In ______________________________,
die ______________________________.
Bei ______________________________,
da ______________________________.
Und ______________________________
dann ______________________________.

10.9. Fehler-finden: In jeder Zeile ist ein Fehler versteckt.

Als der Herrgott die Tiere und Menschen erschuhf, sagte er zu dem Esel: "*Du bist ein Esel. Du wirst unentwegt von morgends bis abends schwere Lasten auf Deinen Rücken tragen und 50 Jahre leben.*"

Darauf endgegnete der Esel: "*50 Jahre diese Qual, das ist mir zu lange, bis ich wider in den Himmel einkehren darf. Gib mir bitte nur 30 Jahre.*" Und so geshah es!

Dann schuhf Gott den Hund und sprach zu ihm: "*Du bist ein Hund. Du wirst über die Gühter der Menschen wachen und 25 Jahre leben.*" Der Hund sagte: "*Lieber Gott, 25 Jahre sind dafür zuviell, gib mir bitte nur zehn Jahre, daß reicht mir völlig.*" Und so geschah es!

Dann schuf Gott denn Affen und sprach: "*Du bist ein Affe. Du wirst von Baum zu Baum springen und dich verhalten wie ein Idjot. Du wirst lustig sein und 20 Jahre leben.*" Der Affe sprach: "*Oh Gott, bitte gieb mir nur 10 Jahre, das reicht für so ein unsinnieges Leben.*" Und so geschah es!

Schlieslich schuf Gott den Mann und sprach: "*Du bist ein Mann. Du wirst Deine Intelliligenz nutzen um Dir die anderen Geschöpfe untertan zu machen. Du wirst dei Erde beherrschen und für 20 Jahre leben.*"

Darauf sprach der Man: "*Gott, ein Mann sein zu sein für nur 20 Jahre ist nicht genug! Gib mir die 20 Jahre, die der Esel ausschluhg, die 15 des Hundes und die 10 des Afffen!*"

Und so sorgte Gott daführ, dass der Mann 20 Jahre als Mann lebt, dann heiratet und dreisig Jahre für seine Familie wie ein Esel schuftet. Er wird 15 Jahre wie ein Hund leben, das Haus bewachen und das eßen, was die Famielie ihm übrig lässt. Und im hohen Alter lebt er 10 Jahre wie ein Affe, verhält sich wie ein Idiot und amüsirt seine Enkelkinder.

Bitte schreiben Sie das Gedicht hier hin:

In ______________________________,
die ______________________________.
Bei ______________________________,
da ______________________________.
Und ______________________________
dann ______________________________.

10.10. Logisches Denken: Wie muss die Reihe fortgesetzt werden?

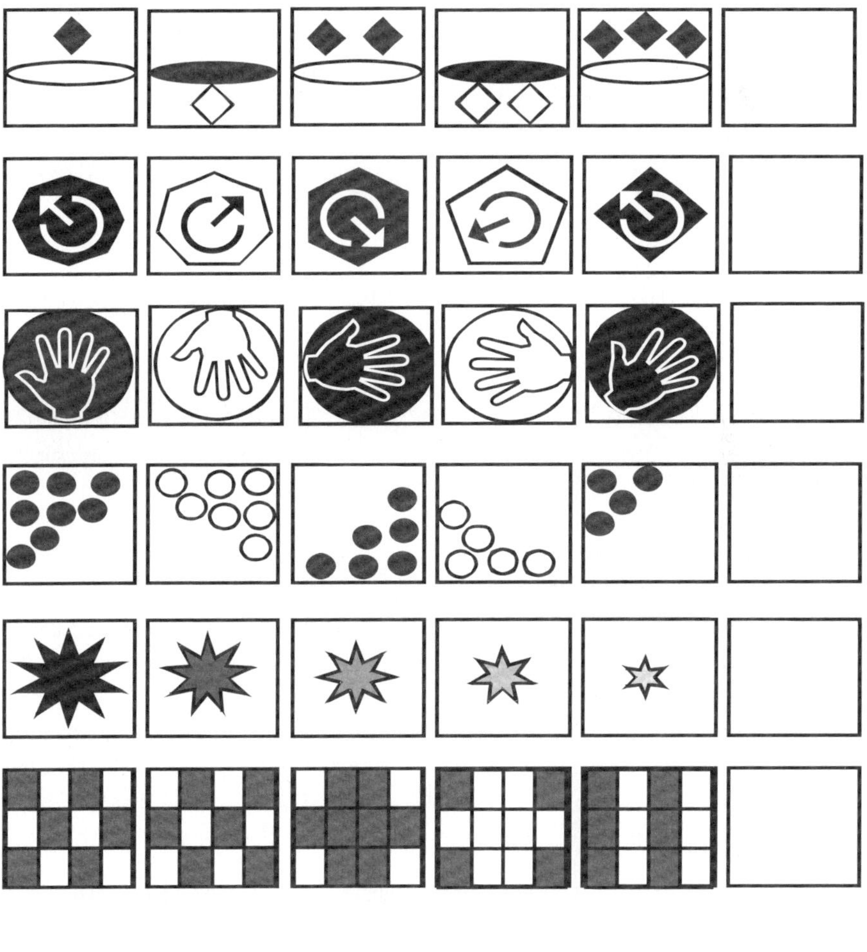

Bitte schreiben Sie das Gedicht hier hin:

____________________________,

die ________________________.

____________________________,

da _________________________.

____

dann _______________________.

10.11. Rechtschreibung: Bitte setzen Sie die Buchstaben -i-, -ie- oder –ieh- in die folgenden Worte ein.

-i- oder –ie- ?	-i- oder –ih- ?	-ie- oder –ieh- ?
Der H____mmel	____r	Wir z____en es
Die T____re	Z____garette	Pferde w____ern
Die Kab____ne	____m	Er empf____lt es
Der D____b	B____bel	Es gesch____t
Die Law____ne	____n	Sie bef____lt es
Der Schm____d	Fabr____k	Es wird verl____en
Die Masch____ne	____nen	Er s____t es
Das Quart____r	L____neal	Jemand vorz____en
Ein L____ter	____rem	Sie st____lt es
Die L____be	T____ger	ausgel____en
Ch____na	____re	Das V____
Die B____nen	Benz____n	Sie erz____en es
Kann____nchen	____retwegen	Sie fl____en

Bitte schreiben Sie das Gedicht hier hin:

In Hamburg ____________________

____

____

____

____

_________________________ Reise.

10.12. Sprüche ergänzen: Wie endet die folgende Redewendung?

(**Hilfe**: andere, Brei, Deckel, Geld, glänzt, Glück, Gold, gut, klug, Leute, Meister, Mittel, Munde, Not, Preis, Qual, Regel, Schmied, Schnaps, Sommer, Stein, süß, tief, trügt, Weile, Welt, Würze.)

Der Schein..
Der Zweck heiligt die.......................................
Die Ausnahme bestätigt die................................
Dienst ist Dienst und Schnaps ist..........................
Durch Schaden wird man...................................
Eile mit..
Eine Hand wäscht die......................................
Eine Schwalbe macht noch keinen.........................
Ende gut, alles...
Es ist nicht alles Gold, was................................
Geld regiert die..
In der Kürze liegt die......................................
Jeder ist seines Glückes....................................
Jeder Topf findet seinen...................................
Kleider machen..
Morgenstunde hat Gold im................................
Ohne Fleiß kein ....
Rache ist ....
Reden ist Silber, Schweigen ist...........................
Scherben bringen...
Spare in der Zeit, so hast du in der......................
Steter Tropfen höhlt den..................................
Stille Wasser sind...
Übung macht den..
Viele Köche verderben den...............................
Wer die Wahl hat, hat die.................................
Zeit ist...

Bitte schreiben Sie das Gedicht hier hin:

In Hamburg ___________________

____

____

____

____

________________________ Reise.

10.13. Rechnen: Bitte rechnen Sie die folgenden Prozent-Aufgaben aus:

Wie viel ist 1% von 500 ?	
Wie viel sind 5% von 300 ?	
Wie viel sind 12,5% von 200 ?	
Wie viel sind 5% von 700 ?	
Wie viel sind 9% von 500 ?	
Wie viel sind 20% von 275 ?	
Wie viel sind 25% von 260 ?	
Wieviel sind 3% von 2.500 ?	
Wie viel sind 85% von 100?	
Wie viel sind 50% von 190 ?	
Wie viel sind 5% von 2.100 ?	
Wie viel sind 25% von 460 ?	
Wie viel ist 1% von 12.500 ?	
Wie viel sind 5 % von 2.700 ?	
Wie viel sind 2% von 7.250 ?	
Wie viel sind 31% von 500?	

Bitte schreiben Sie das Gedicht hier hin:

In Hamburg ____________________

____

____

____

____

______________________________.

10.14. Worte schreiben: Bitte schreiben Sie die fehlenden Worte in die Lücken:

an, auch, den, den, der, die ein es, es, es, in, in, in, nicht

Frage _____ Radio Eriwan: "*Stimmt _____, dass jeder, _____ den Roten Platz ____ Moskau betritt, _____ Auto geschenkt bekommt?*"
Radio Eriwan antwortete: "*Im Prinzip ja. Nur handelt _____ sich nicht um _____ Roten Platz _____ Moskau, sondern um _____ Gorkiplatz _____ Kiew. _____ handelt sich _____ nicht um Autos, sondern um Fahrräder. Und _____ werden _____ verschenkt, sondern gestohlen!*"

Bitte einsetzen:

bin, das, den, den, der, die, die, dir, du, ein, eine, sind

Kommt _____ Mann in _____ Bar und sagt: "*Hey Leute, ich kenn _____ neuesten Ostfriesenwitz.*"
Meint _____ Barkeeper: "*Junge, bevor _____ ihn erzählst sollte ich _____ vielleicht sagen, dass ich Ostfriese _____, der Alte dort drüben ist Ostfriese, _____ Ehepaar da hinten sind Ostfriesen, _____ beiden Polizisten da drüben sind Ostfriesen und _____ drei Rocker dort _____ Ostfriesen. Also willst du _____ Witz immer noch erzählen?*"
"*Nein, bevor ich ihn neunmal erklären muss, lass ich's lieber gleich bleiben!*"

Bitte schreiben Sie das Gedicht hier hin:

In Hamburg ____________________

____

____

____

____

____________________.

10.15. Abzeichnen: Bitte zeichnen Sie die Grafik möglichst genau ab.

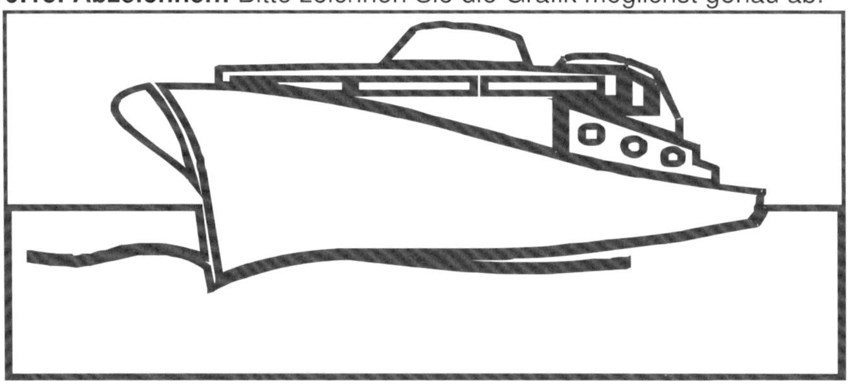

Bitte schreiben Sie das Gedicht hier hin:

In Hamburg ______________________

____

____

____

____

______________________________.

10.16. Geheimcode: Was verrät uns das chinesische Orakel heute für eine Lebensweisheit? Jede Zahl entspricht einem Buchstaben im Alphabet. Bitte übersetzen Sie den Geheimcode.

1 = A	7 = G	13 = M	19 = S	25 = Y
2 = B	8 = H	14 = N	20 = T	26 = Z
3 = C	9 = I	15 = O	21 = U	27 = Ä
4 = D	10 = J	16 = P	22 = V	28 = Ö
5 = E	11 = K	17 = Q	23 = W	29 = Ü.
6 = F	12 = L	18 = R	24 = X	

4	9	5

2	5	19	20	5

26	5	9	20

5	9	14	5	14

2	1	21	13

26	21

16	6	12	1	14	26	5	14

23	1	18

22	15	18

26	23	1	14	26	9	7

10	1	8	18	5	14	.
						.

4	9	5

26	23	5	9	20	-
					-

2	5	19	20	5

26	5	9	20

9	19	20

8	5	21	20	5

Bitte schreiben Sie das Gedicht hier hin:

In ______________________________

____

____

____

____

______________________________.

10.17. Satz ergänzen: Bitte vervollständigen Sie die Satzanfänge:

Er hatte keine Freunde, weil ______________________________

______________________________.

Sie hatte sich gestritten ______________________________

______________________________.

Er fand es schön als ______________________________

______________________________.

Sie war sehr zufrieden ______________________________

______________________________.

Er fühlte sich einsam ______________________________

______________________________.

Sie war ziemlich traurig ______________________________

______________________________.

Sie hatte Angst ______________________________

______________________________.

Er wurde wütend ______________________________

______________________________.

Das Beste für ihn war ______________________________

______________________________.

Sie war am glücklichsten ______________________________.

Bitte schreiben Sie das Gedicht hier hin:

10.18. Altgedächtnis: Was wissen Sie noch? Schreiben Sie die Namen von möglichst vielen Lehrern und Mitschülern aus Ihrer Schulzeit hier auf, an die Sie sich noch erinnern können:

10.19 Chinesisch-lernen: Energie, Erfolg, Familie, Feuer, Frühling, Glück, Kraft, Liebe, Mut, Mutter, Reichtum, Schicksal, Schiff, Schönheit, Sex, Sommer, Tiger, Traum, Wasser und Wind. Was bedeuteten die 20 Zeichen? (Lösung S. 230).

Bitte schreiben Sie das Gedicht hier hin:

____

____

____

____

____

____.

10.20. Fehlende Rechenzeichen: Bitte setzen Sie in den folgenden Aufgaben die Rechenzeichen + (plus) oder – (minus) oder • (mal) oder : (geteilt) so ein, dass die Lösung am Ende stimmt.

9	3 = 12	4	4 = 16
9	3 = 6	4	4 = 0
9	3 = 3	20	10 = 2
9	3 = 27	20	10 = 10
8	2 = 6	20	10 = 30
8	2 = 16	20	10 = 200
8	2 = 10	20	5 = 100
8	2 = 4	20	5 = 25
15	5 = 10	20	5 = 15
15	5 = 20	20	5 = 4
15	5 = 75	12	6 = 72
15	5 = 3	12	6 = 2
6	2 = 3	12	6 = 18
6	2 = 4	12	6 = 6
6	2 = 8	14	7 = 98
6	2 = 12	14	7 = 21
4	4 = 1	14	7 = 7
4	4 = 8	14	7 = 2

Bitte schreiben Sie das Gedicht hier hin:

____

____

____

____

____

____.

10.21. Worte ausdenken: Bitte schreiben Sie hier möglichst viele Worte hin, die mit einem „-d" aufhören (z.B. Kind, Rind, blind, denkend, ...).

Bitte schreiben Sie das Gedicht hier hin:

____

____

____

____

____

______________________________.

10.22. Textaufgaben: Bitte lösen Sie die folgenden Textaufgaben.

Ein Karton mit 12 Dosen kostet 30,00 €uro. Wieviel kosten dann 4 Dosen? ________

Die Öl-Heizung ist defekt und Herr Schmitt stellt einen Heizlüfter auf. Der Lüfter verbraucht 2 KW pro Stunde und läuft 10 Stunden, bis die Ölheizung repariert wurde. ________

Anke ist krank. Sie schluckt dreimal täglich zwei Tabletten. Nach 5 Tagen ist sie wieder gesund. Wieviele Tabletten hat sie genommen? ________

Was ist die Hälfte von der Hälfte von 160? ________

Johannes wurde am 1. Februar 1988 geboren. Wie alt wird er am 1. Februar 2038? ________

Ein Saal ist 10 m lang und 6 m breit. Wieviele Quadratmeter sind das? ________

Ein Mantel kostet 210,- €uro. Im Winterschlussverkauf wurde sein Preis um ein Drittel herabgesetzt. Wieviele €uro spart man da? ________

Manfred Oberschlau hat 4.000,- €uro auf seinem Sparkonto. Am Jahresende bekommt er 2% Zinsen. Wieviele ist das? ________

Gerd Mohrmann hat 450,- €uro gespart. Ein Fünftel davon gibt er für ein neues Handy aus. ________

Wenn die Lösungen der obigen neun Aufgaben stimmen, welche Zahl folgt dann hier als Lösung? ________

Bitte schreiben Sie ein letztes Mal das Gedicht hier hin:

____

____

____

____

____

________________________________.

E N D E

Lösung der chinesischen Schriftzeichen:

Bildnachweise: Soweit nicht anders angegeben, stammen die Bilder vom Verfasser. Übung 2.3 und 3.3 Zeichen aus Word Webdings, Übung 4.2 Zeichen aus Word Windings, Übung 6.12 Zeichen aus Word Windings-2, Übung 6.9, 7.9, 7.14, 8.9., 8,14, 9.9, 9.14, 10.9 und 10.14 Zeichen aus CorelDraw.

Praxisbücher von Prof. Dr. Erich Kasten

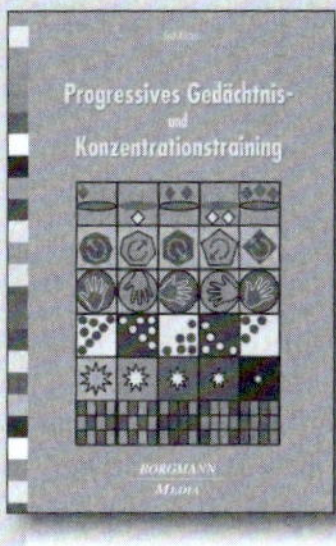

Erich Kasten

Progressives Gedächtnis- und Konzentrationstraining

Am Anfang des Bandes finden Sie einen Test, mit dem Sie prüfen können, ob Sie wirklich Schwierigkeiten des Behaltens haben. Das Buch erklärt dann, wie man Texte bearbeitet, die wichtigsten Informationen herausfiltert und wie man sich diese am besten einprägen kann.
In zehn Kapiteln werden anschließend kurze Artikel vorgelegt, die auf diese Weise bearbeitet werden sollen. Die Abfrage der Informationen wird durch eine riesige Fülle von Übungen verzögert, z.B. Konzentrationstrainings, Aufgaben zum Leseverständnis, freies Zeichnen, fehlende Buchstaben finden, Fehlersuche, Übungen zum logischen Denken, den Weg durch ein Labyrinth suchen, Aufgaben zur Rechtschreibung und zum Kopf- und Textaufgaben-Rechnen, Geheim-Code-Entziffern, Sätze ergänzen, Altgedächtnis prüfen und vieles andere mehr. Die Bearbeitung macht Spaß, der Übende lernt Gedächtnistechniken anzuwenden und merkt rasch, dass man Informationen auf diese Weise gut behalten kann. Die einzelnen Kapitel haben ansteigenden Schwierigkeitsgrad, sowohl bei den Merk- als auch bei den Konzentrationsübungen, und sind dadurch für nahezu alle Gruppen von Betroffenen gut geeignet.

3. Aufl. 2021, 232 S., Format 16x23cm, br, Alter: ab Jugendalter
ISBN 978-3-938187-61-6 | Bestell-Nr. 9412 | 17,90 Euro

Erich Kasten

Gedächtnis-Geschichten

„Das muss ich mir merken!"

Aus Erfahrungen zu lernen ist nur möglich, indem wir das Erlebte in unserem Gehirn abspeichern, und ohne Gedächtnis könnten wir uns in dieser Welt weder zurecht finden, noch weiterentwickeln. Wir könnten uns kein neues Wissen merken, keine Termine im Kopf behalten und würden uns in derselben Umgebung jedes Mal wieder verirren.
Das Gedächtnis ist damit eine der wichtigsten Funktionen des menschlichen Verstandes. Dieses Buch fokussiert darauf, wie man Informationen aus Texten systematisch und schnell erfassen kann. Hierzu werden (überwiegend frei erfundene) Zeitungsartikel präsentiert, die der Leser durcharbeiten soll und deren Information dann über mehrere Übungsdurchgänge hinweg immer wieder abgefragt werden. Gepaart wird dieses Gedächtnistraining mit dazwischengesetzten Konzentrationsübungen, Denksportfragen und kreativen Aufgaben, so dass niemals Langeweile aufkommt.

2018, 256 S., Format 16x23cm, br, Alter: ab 15
ISBN 978-3-8080-0815-7 | Bestell-Nr. 5230 | 19,95 Euro

Erich Kasten

Übungsbuch Hirnleistungstraining

Hier finden Sie 137 abwechslungsreiche Übungen mit insgesamt zweitausend Einzelaufgaben, um ein gezieltes Hirnleistungstraining durchzuführen. Anhand von Symbolen im Inhaltsverzeichnis lassen die Übungen sich leicht bestimmten Schwerpunkten zuordnen, z.B.: Konzentration, Gedächtnis, Sprache, visuelle Wahrnehmung, Lesen, Textverständnis, Schreiben, Rechnen, Graphomotorik und Nachdenken. Innerhalb der einzelnen Übungsbereiche haben die Aufgaben meist ein ansteigendes Schwierigkeitsniveau, um das Leistungsvermögen stufenweise zu erhöhen. Viele der Aufgaben fördern auch die Kreativität des Übenden und machen richtig Spaß. Ein Hirnleistungstraining mit diesem Buch wird für Jung und Alt nicht zur langweiligen Pflichtübung, sondern zur interessanten Herausforderung, an der man eigene Fähigkeiten messen und trainieren kann. Durch die große Fülle unterschiedlichster Übungen eignet das Buch sich ebenso zur Erhöhung der Konzentration bei lernschwachen Schülern, zur Behandlung von Patienten mit Leistungseinbußen nach einer Hirnschädigung wie auch zur Anregung für ältere Menschen und alle anderen, die sich geistig fit halten wollen.

8., aktualisierte Auflage 2020, 240 Seiten, 16x23cm, br, Alter: ab 18
ISBN 978-3-8080-0842-3 | Bestell-Nr. 8552 | 17,50 Euro

Erich Kasten

Lesen, merken und erinnern

Übungen für Vergessliche und Ratschläge für Angehörige und Therapeuten

„Das anschaulich geschriebene Arbeitsbuch über die Therapie von Störungen des Mittelzeitgedächtnisses bietet über 70 erwachsenengerechte Aufgaben für lese- und schreibfähige Patienten. Dabei gibt es acht verschiedene Aufgabentypen, wie Wortlisten merken, Zeitungsartikel lesen und wiedergeben oder Einkäufe per Liste erledigen. Durch die verschiedenen Aufgabentypen können gleichermaßen unterschiedliche Gedächtnisstrategien vermittelt, aber auch dem Lerntyp entsprechende Varianten beim Assoziieren ausfindig gemacht werden. Zu Beginn eines jeden Kapitels werden dem Leser die betreffenden Strategien dargestellt, die bei den dann folgenden 10 Aufgaben des gleichen Typs verwendet werden können. Der Übungsteil ist auch als Eigenprogramm und Therapiematerial für Kleingruppen verwendbar.
Das Buch ist allen Vergesslichen sowie deren Angehörigen und Therapeuten, die gerne mit Papier und Bleistift arbeiten, statt am Bildschirm zu sitzen, sehr zu empfehlen." Kirsten Minkwitz, Ergotherapie & Rehabilitation

„Ich empfehle das Buch Menschen jeden Alters, die einfach mal etwas für ihr Gedächtnis tun möchten, ohne größere Einschränkungen zu haben. Es gibt dem Leser die Möglichkeit, in seiner eigenen Geschwindigkeit ein strukturiertes Training zu absolvieren." Natali Mallek, www.mal-alt-werden.de

7. Aufl. 2021, 192 S., durchgehend illustriert, Format 16x23cm, br, Alter: ab 13 | **ISBN 978-3-86145-332-1 | Bestell-Nr. 8533 | 15,30 Euro**

verlag modernes lernen

Schleefstraße 14, D-44287 Dortmund
Telefon 02 31 12 80 08, Fax 02 31 12 56 40
E-Mail: info@verlag-modernes-lernen.de
Leseproben, Rezensionen, Bestellen im Internet: www.verlag-modernes-lernen.de

Resilience: Aus der eigenen Kraft schöpfen ...

Erich Kasten

Mein Trainingsbuch Lebensfreude

Die Ab-in-den-Müll-Kur für Ihre Depressionen

Der Schwerpunkt des Buches liegt in der Vermittlung von Methoden, wie man aus einer Phase von wirklich miserabler Stimmung wieder herausfindet. Depressionen werden als eine Erkrankung gesehen, der man nicht hilflos ausgeliefert sein muss. Grundlage sind Übungen, um zu lernen aktiver zu werden und mehr Lebensfreude zu genießen. Der Leser begreift, wie er selbst (wieder) zum Boss in seinem eigenen Kopf werden und negative Gedanken und Gefühle „hinausfegen" kann. Es werden Ratschläge gegeben, um dem Gedanken zu begegnen, seinem eigenen Leben ein Ende setzen zu wollen. Es gibt Tipps, um mit Lebensereignissen abzuschließen, die unabänderlich sind. Vor allem wird eine Fülle von Möglichkeiten aufgezeigt, um wieder etwas mehr Pepp, Freude und Spaß in den Alltagstrott hineinzubringen. Der Band geht ebenso darauf ein, wie man mit chronischen beruflichen oder familiären Belastungen umgehen kann, wie auch mit Situationen ständiger Langeweile und dem Gefühl überflüssig zu sein. Der Band zeigt durch eine Vielzahl von Übungen auf, wie man Lebensfreude regelrecht trainieren kann und sich damit wieder einen kleinen Teil vom großen Glück sichert.

168 S., Format DIN A5, br, Alter: ab 18

ISBN 978-3-8080-0792-1 | Bestell-Nr. 5231 | 16,95 Euro

Erich Kasten

Mein Trainingsbuch Selbstvertrauen

Die Ab-in-den-Müll-Kur für Ihre Ängste

„Erich Kasten erläutert in fachlicher, gut verständlicher Sprache die Themen Angst und Stress und stellt deren Bedeutung und Funktion heraus. Er verbindet die fachlichen Hintergründe mit persönlichen Beispielen und Anekdoten, was ihnen Lebendigkeit und Authentizität verleiht. Zudem bietet er mit Trainingsaufgaben und alltagsnahen Tipps praktische Handlungsansätze für Betroffene. Personen, die nach einem Arbeitsbuch für mehr Selbstvertrauen suchen, werden hier sicherlich fündig - ebenso professionell Tätige, die nach gut verständlichem, klar strukturiertem Material im Kontext Angstreduktion, Motivationsaufbau und Selbstvertrauen suchen." Susanne Schulte, ergopraxis

„Praktische Übungen umfassen u.a. Kontaktaufnahme, Small Talk, frei sprechen, im Mittelpunkt stehen und Konflikte und Menschenmassen ertragen. Auch Selbstverteidigung, sich selber zu loben und Singen sind Möglichkeiten, um Angst schrittweise zu reduzieren. Das Gute ist, dass selbstbewusstes Verhalten erlernt werden kann, und dieses Buch ist eine ausgezeichnete Möglichkeit, um sich dafür alltagstaugliche Strategien aufzubauen." Dr. Christa D. Schäfer, lehrerbibliothek.de

168 S., Format DIN A5, br, Alter: ab 18

ISBN 978-3-8080-0793-8 | Bestell-Nr. 5232 | 16,95 Euro

Erich Kasten

Mein Trainingsbuch Lebenskraft

Wie man die Ursachen für Schmerzen, Erschöpfung und mangelnde Belastbarkeit findet

Dieser Band ist kein einfacher Ratgeber nach dem Motto „Leben Sie doch einfach gesund", sondern die Texte sollen Ihnen helfen herauszufinden, warum es Ihnen nicht gutgeht und was Sie tun können, um das Leben endlich wieder zu genießen. Sie werden lernen, wie man das eigene Blutbild analysiert, wie man chronischen Schmerzen begegnet und wie man trotz Krankheit das Leben noch genießen kann.

Der Band gliedert sich dabei in drei Teile: 1. Körperliche Ursachen (Somatopsychologie), 2. Schmerz und 3. psychosoziale Gründe. Alle drei Bereiche sind nicht unabhängig, sie greifen ineinander wie die Zahnräder eines Uhrwerks. Körperliche Krankheiten, vor allem, wenn sie mit ständigen Schmerzen einhergehen, führen auch zu Depressivität.

Die Gefühle der Sinnlosigkeit des eigenen Lebens schwächen dann unter anderem das Immunsystem und führen wiederum zu häufigerem Kranksein. Diese Schleife muss irgendwo durchbrochen werden. Dazu will dieses Buch Hilfestellungen geben.

2020, 208 S., Format DIN A5, br, Alter: ab 18

ISBN 978-3-8080-0816-4 | Bestell-Nr. 5233 | 16,95 Euro

Ben Furman

Es ist nie zu spät, eine glückliche Kindheit zu haben

In Wissenschaft und Öffentlichkeit ist der Mythos fest verankert, dass schwierige Bedingungen in der Kindheit unweigerlich zu einem unglücklichen, gefährdeten Erwachsenenleben führen. Dies kann so sein, ist aber in den meisten Fällen nicht zwangsläufig so. Furman lässt eine große Zahl von Betroffenen selbst zu Wort kommen, die einen schwierigen Start ins Leben hatten und trotzdem oder gerade deshalb ein gelungenes Leben führen konnten. Hier geht es nicht darum, die Wahrheit zu schönen oder zu verbiegen und uns selbst zu belügen, damit wir die traurige Vergangenheit in rosarotem Licht sehen! Wir sollen auch nicht so tun, als hätten wir eine glückliche Kindheit gehabt, wenn es nicht so war. Aber tief in ihrem Herzen wissen die Menschen oft, was ihnen helfen könnte, und schaffen es trotz widriger Umstände glücklich zu werden. Das Buch will Mut machen, auf die innere Stimme zu hören.Das Buch wurde in die Liste der „Einhundert Meisterwerke der Psychotherapie" aufgenommen.

„Dieses Buch ist sehr interessant. Ich habe es in zwei Tagen ausgelesen. Es trifft meine Vergangenheit und auch meine Zukunft, und ist hilfreich für meinen Sohn, der gerade 4 1/2 Jahre alt ist. DANKE!" Leserzuschrift

8. Auflage, 112 S., Format DIN A5, br

ISBN 978-3-8080-0845-4 | Bestell-Nr. 8398 | 15,30 Euro

323a/10-21

verlag modernes lernen

Schleefstraße 14, D-44287 Dortmund
Telefon 02 31 12 80 08, Fax 02 31 12 56 40
Gebührenfreie Bestell-Hotline: Telefon 08 00 77 22 345, Fax 08 00 77 22 344
Leseproben, Rezensionen, Bestellen im Internet: www.verlag-modernes-lernen.de